Faluba / Morvay

SPRACHFÜHRER

Deutsch Katalanisch Spanisch

Deutsche Übersetzung: Imme Werner
Revision: Willy Neunzig-Serra, Dozent an der
Escola Universitària de Traductors i d'Intèrprets
(EUTI)

EDICIONS DE LA MAGRANA

Kálmán Faluba und Károly Morvay sind Dozenten für Katalanisch bzw. Spanisch an der Universität Budapest.

Diese Ausgabe wurde mit der Unterstützung der Kulturabteilung der Generalitat de Catalunya zusammengestellt.

Erstausgabe: Juli 1992
Zweitausgabe: Juni 1995

© Kálmán Faluba und Károly Morvay, 1992
Für die voliegende Ausgabe alle Rechte volrbehalten:
Edicions de la Magrana, S.A.
Postfach 9487 - 08080 Barcelona

Drück: Nova-Gràfik, Puigcerdà, 127 - 08019 Barcelona
ISBN: 84-7410-602-8
D. L.: B. 24.382 - 1995

INHALTSANGABE. INDEX TEMATIC
ÍNDICE TEMÁTICO

0	**Einführung.** Textos introductoris. *Textos introductorios*
0.1	**Vorwort des Herausgebers** Carta de l'editor. *Carta del editor*
0.2	**Benutzungshinweise.** Instruccions per al maneig. *Instrucciones para el manejo*
0.3	**Aussprache.** Pronúncia. *Pronunciación*
1	**Grammatik.** Gramàtica. *Gramática*
1.1	**Präpositionen.** Preposicions. *Preposiciones*
1.2	**Artikel.** Article. *Artículo*
1.3	**Fragepronomen.** Interrogatius. *Interrogativos*
1.4	**Personalpronomen.** Pronoms personals. *Pronombres personales*
1.5	**Possessivpronomen.** Possessius. *Posesivos*
1.6	**Demonstrativpronomen.** Demostratius. *Demostrativos*
1.7	**Personenbeschreibung. Vergleich.** Descripció de persones, comparació. *Descripción de personas. comparación*
1.8	**Konjugation. Regelmäßige Verben.** Conjugació. Verbs regulars. *Conjugación. Verbos regulares*
1.9	**Konjugation. Unregelmäßige Verben.** Conjugació. Verbs irregulars. *Conjugación. Verbos irregulares*
1.10	**Mengenangaben.** Quantitatius. *Cuantitativos*
1.11	**Kardinalzahlen.** Numerals cardinals. *Numerales cardinales*
1.12	**Ordinalzahlen.** Numerals ordinals. *Numerales ordinales*
1.13	**Bruchzahlen.** Numerals trencats / fraccionaris. *Números fraccionarios*
1.14	**Wieviel Uhr ist es?** Quina hora és? *¿Qué hora es?*
1.15	**Um wieviel Uhr?** A quina hora? *¿A qué hora?*
1.16	**Datum.** Data. *Fecha*
1.17	**Die Tage der Woche.** Dies de la setmana. *Días de la semana*
1.18	**Jahreszeiten, Monate des Jahres.** Estacions, mesos de l'any. *Estaciones, meses del año*
1.19	**Feiertage.** Festes. *Fiestas*
2	**Häufig benutze Worte und Wendungen.** Paraules i frases freqüents. *Palabras y frases frecuentes*
2.1.	**Hinweise.** Avisos. *Avisos*
2.2	**Grußformeln.** Fórmules de salutació. *Fórmulas de saludo*

2.3	**Anreden.** Tractaments. *Tratamientos*
2.4	**Ins Gespräch kommen.** Entaulant una conversa. *Estableciendo conversación*
2.5	**Vorstellung.** Presentació. *Presentación*
2.6	**Wie bittet man um etwas oder bietet etwas an? Höflichkeitsformeln.** Com demanar, oferir alguna cosa? Fórmules de cortesia. *¿Cómo pedir, ofrecer algo? Fórmulas de cortesía*
2.7	**Zustimmung, Ablehnung.** Acceptació, rebuig. *Acceptación, rechazo*
2.8	**Dank.** Agraïment. *Agradecimiento*
2.9	**Geschmack. Vorliebe.** Grat. preferència. *Agrado. preferencia*
2.10	**Entschuldigen, Bedauern.** Excusa, llàstima. *Excusa, lástima*
2.11	**Bejahung, Einverständnis.** Afirmació, acord. *Afirmación, acuerdo*
2.12	**Verneinung, Meinungsverschiedenheit.** Negació, desacord. *Negación, desacuerdo*
2.13	**Zweifel, Hypothese, Möglichkeit.** Dubte, hipòtesi, probabilitat. *Duda, hipótesis, probabilidad*
2.14	**Vorhaben, Pläne.** Intenció, plans. *Intención, planes*
2.15	**Pflicht, Bedarf.** Obligació, necessitat. *Obligación, necesidad*
2.16	**Überraschung, Ausruf.** Sorpresa, exclamació. *Sorpresa, exclamación*
2.17	**Glückwünsche, Wünsche, Mitgefühl.** Felicitacions, vots, compassió. *Felicitaciones, votos, compasión*
3	**Persönliche Daten.** Dades personals. *Datos personales*
3.1	**Vor- und Nachname -n.** Nom i cognom, -s. *Nombre y apellido, -s*
3.2	**Familie.** Família. *Familia*
3.3	**Das Alter.** L'edat. *La edad*
3.4	**Schulbildung. Studium.** Nivell d'instrucció. Estudis. *Nivel de instrucción. Estudios*
3.5	**Beruf, Arbeit.** Professió. Treball. *Profesión. Trabajo*
3.6	**Ortsnamen.** Noms geogràfics. *Nombres geográficos*
4	**Sprachkenntnisse.** Coneixement de llengües. *Conocimiento de lenguas*
5	**Klima.** Clima. *Clima*
6	

6	**Reise**. Viatge. *Viaje*
6.1	**Grenze**. Frontera. *Frontera*
6.2 - 6.6	**Autoreise**. Viatge amb automòbil. *Viaje en automóvil*
6.2	**Orientierung, Auskünfte erfragen**. Orientació. Demanant informació. *Orientación. Pidiendo información*
6.3	**An der Tankstelle**. A la gasolinera. *En la gasolinera*
6.4	**Kfz-Reparatur. Wartung**. Reparació d'automòbils. Manteniment. *Reparación de automóviles. Mantenimiento*
6.5	**Autovermietung**. Lloguer de cotxes. *Alquiler de coches*
6.6	**Verkehrsunfall**. Accident de circulació. *Accidente de tráfico*
6.7 - 6.9	**Bahnreise**. Viatge amb tren. *Viaje en tren*
6.7	**Bahnhof / RENFE**. Estació de ferrocarrils / RENFE. *Estación de ferrocarriles / RENFE*
6.8	**Schilder. Lautsprecherdurchsagen.** Rètols. Informació per altaveu. *Rótulos. Información por el altavoz*
6.9	**Beim Fahrkartenkauf**. Comprant bitllets. *Comprando billetes*
6.10	**Flugreise**. Viatge amb avió. *Viaje en avión*
6.11	**Schiffsreise**. Viatge amb vaixell. *Viaje en barco*
6.12	**Im Reisebüro**. Agència de viatges. *Agencia de viajes*
7	**Unterkunft**. Allotjament. *Alojamiento*
7.1	**Auf der Suche nach Unterkunft**. Buscant allotjament. *Buscando alojamiento*
7.2 - 7.4	**Das Hotel**. L'hotel. *El hotel*
7.2	**Ankunft**. Arribada. *Llegada*
7.3	**Das Zimmer**. Després d'ocupar l'habitació. *Después de ocupar la habitación*
7.4	**Die Abreise**. La sortida. *La partida*
7.5	**Camping**. Càmping. *Cámping*
8	**Die Stadt**. La ciutat. *La ciudad*
8.1	**Stadtbesichtigung**. Visita de la ciutat. *Visita de la ciudad*
8.2	**Auskünfte in der Stadt**. Demanant informació a la ciutat. *Pidiendo información en la ciudad*
8.3	**Öffentlicher Nahverkehr, Schilder, Lautsprecherdurchsagen**. Transport urbà. Rètols. Infomarcions per altaveu. *Transporte urbano. Rótulos. Información por el altavoz*
8.4	**Taxi**. Taxi. *Taxi*
8.5	**Parken**. Pàrking. *Aparcamiento*
8.6	**Polizei**. Policia. *Policía*

9	**Freizeit.** Temps lliure. *Tiempo libre*
9.1	**Freizeitgestaltung.** Lleure. *Ocio*
9.2	**Theater.** Teatre. *Teatro*
9.3	**Kino.** Cine. *Cine*
9.4	**Schilder und Hinweise in Theater und Kino.** Rètols, avisos al teatre i al cine. *Rótulos, avisos en el teatro y en el cine*
9.5	**Strand.** Platja. *Playa*
10	**Mahlzeiten. Restaurant.** Apats. Restaurant. *Comidas. Restaurante*
10.1	**Speisen. Allgemeines.** Apats. Generalitats. *Comidas. Generalidades*
10.2	**Frühstück im Hotel.** Esmorzar a l'hotel. *Desayuno en el hotel*
10.3	**Getränke.** Begudes. *Bebidas*
10.4	**Mittag- und Abendessen im Restaurant.** Dinar i sopar en un restaurant. *Almuerzo y cena en un restaurante*
10.5	**Bestellung.** Comanda. *Pedido*
10.6	**Die Rechnung.** El compte. *La cuenta*
10.7	**Schilder im Restaurant.** Rètols al restaurant. *Letreros en el restaurante*
10.8-10.22	**Die Speisekarte.** La carta. *La carta*
10.8	**Vorspeisen.** Entremesos. *Entremeses*
10.9	**Salate** Amanides. *Ensaladas*
10.10	**Teigwaren und Reis.** Pastes i arrossos. *Pastas y arroces*
10.11	**Beilagen und Saucen.** Acompanyaments i salses. *Guarniciones y salsas*
10.12	**Suppen.** Sopes. *Sopas*
10.13	**Gemüsegerichte.** Plats de verdura. *Platos de verdura*
10.14	**Zubereitungsarten.** Maneres de preparació. *Formas de preparación*
10.15	**Fleischgerichte** Carns. *Carnes*
10.16	**Das Fleisch unseres Hausviehs.** Animals domèstics i la seva carn. *Animales domésticos y su carne*
10.17	**Wild und Geflügel.** Caça i aviram. *Caza y aves*
10.18	**Fisch und Meeresfrüchte.** Peix. Marisc. *Pescado. Marisco*
10.19	**Süßwasser und Meeresfisch.** Peixos d'aigua dolça i de mar. *Peces de agua dulce y de mar*
10.20	**Meeresfrüchte. Schnecken.** Marisc. Cargols. *Marisco. Caracoles*
10.21	**Desserts und Süßspeisen.** Postres i plats dolços. *Postres y platos dulces*

10.22	**Eis und Süßigkeiten** Gelats i dolços. *Helados y dulces*
11	**Einkäufe. Dienstleistungen.** Compres. Serveis. *Compras. Servicios*
11.1	**Portionen. Einheiten.** Porcions. Unitats. *Porciones. Unidades*
11.2	**Maße.** Mesures. *Medidas*
11.3	**Einkäufe. Allgemeines.** Compres. Generalitats. *Compras. Generalidades*
11.4	**Auf dem Markt.** Al mercat. *En el mercado*
11.5	**Metzgerei.** Carnisseria. *Carnicería*
11.6	**Geflügelhandlung.** Polleria. *Pollería*
11.7	**Fischhandlung.** Peixateria. *Pescadería*
11.8	**Kaufhaus** Magatzem. *Almacén*
11.9	**Kleidung, Modeartikel.** Peces de vestir, articles de moda. *Prendas de vestir, artículos de moda*
11.10	**Schuhgeschäft, Schuhe.** Sabateria, sabates. Calçat. *Zapatería, zapatos. Calzado*
11.11	**Dienstleistungen, Reparaturen.** Serveis, reparacions. *Servicios, reparaciones*
11.12	**Blumengeschäft. Blumen.** Floristeria. Flors. *Floristería. Flores*
11.13	**Juwelier, Schmuck, Modeschmuck.** Joieria. Joies, bijuteria. *Joyería. Joyas, bisutería*
11.14	**Andenken.** Records. *Recuerdos*
11.15	**Geschenke und Spielzeug** Regals. Joguines. *Regalos. Juguetes*
11.16	**Zeitungsstand. Buchhandlung.** Quiosc. Llibreria. *Quiosco. Librería*
11.17	**Tabakladen.** Estanc. *Estanco*
11.18	**Uhrmacher.** Rellotgeria. Relojería
11.19	**Optik, Optiker.** Òptica, òptic. *Óptica, óptico*
11.20	**Photograph. Photo.** Fotògraf. Foto. *Fotógrafo. Foto.*
11.21	**Parfümerie. Drogerie.** Perfumeria. Drogueria. *Perfumería. Droguería*
11.22	**Friseur. Allgemeines.** Perruqueria. Generalitats. *Peluquería. Generalidades*
11.23	**Herrensalon.** Perruqueria masculina. *Peluquería masculina*
11.24	**Damensalon.** Perruqueria de senyores. *Peluquería de señoras*
11.25	**Geldumtausch. Bank.** Canvi de diner. Banc. *Cambio de dinero. Banco*

11.26	**Post. Allgemeines.** Correus. Generalitats. *Correos. Generalidades*
11.27	**Auf der Post. Im Postamt.** A correus. A l'oficina de correus. *En correos. En la oficina de correos*
11.28	**Telefon.** Telèfon. *Teléfono.*
11.29	**Telefonanruf.** Telefonada. *Llamada telefónica*
11.30	**Ferngespäche, Inland.** Telefonades interurbanes, nacionals. *Llamadas interurbanas, nacionales.*
12	**Gesundheit.** Salut. *Salud*
12.1	**Apotheke.** Farmàcia. *Farmacia*
12.2	**Zahnarzt.** Dentista. *Dentista*
12.3	**Beim Arzt.** Al consultori mèdic. *En el consultorio médico*
13	**Sport.** Esport. *Deporte*
13.1	**Sport. Allgemeines.** Esport. Generalitats. *Deporte. Generalidades*
13.2	**Olympiade.** Olimpíada. *Olimpiada*
13.3	**Sportarten der Olympischen Sommerspiele.** Esports olímpics d'estiu. *Deportes olímpicos de verano*
13.4	**Leichtathletik.** Atletisme. *Atletismo*
14	**Vokabular.** Vocabulari. *Vocabulario*
15	**Sachregister.**

Vorwort des Herausgebers

Lieber Freund,

Sie haben zweifellos vor, Barcelona zu besuchen. Vielleicht sind Sie auch schon einmal dort gewesen. An Sie richtet sich dieses Buch: es handelt sich um einen Konversationsführer, der Ihnen die Übersetzung der wichtigsten Ausdrücke in beide der in Barcelona gesprochenen Sprachen anbietet, ins Katalanische und ins Spanische. Und hier können Sie wirklich Katalanisch sprechen hören, eine Sprache, die wie Italienisch und Französisch zu den insgesamt neun romanischen Sprachen gehört. Heutzutage ist Katalanisch rechtmäßig als offizielle Sprache Kataloniens anerkannt und zwar gleichberechtigt mit dem Spanischen.

Barcelona ist die Hauptstadt Kataloniens, aber auch Städte wie Figueres, Girona, Lleida, Reus, Vielha, etc. gehören zu Katalonien. Das Land bietet dem Reisenden zahlreiche interessante Ziele an, die er nicht auslassen sollte: die Costa Brava, das Kloster von Montserrat, die unvollendete Kathedrale Sagrada Familia, die Pyrenäen, das Picasso-, Dalí-, Miró- oder Tàpies-Museum oder das Museum für romanische Kunst, um nur einige Beispiele zu nennen.

Katalonien verfügt über eigene Verwaltungsorgane; es hat eine autonome Regierung und ein Parlament. Es ist ist eine an Spanien angeschlossene Nation. Die Balearen und das Land Valencia genießen einen ähnlichen Autonomiestatus. Die katalanische Sprache wird insgesamt von etwa 10 Millionen Menschen gesprochen. Das Verbreitungsgebiet der Sprache reicht im Norden bis ins französische Roussillon hinein und im Süden bis Alacant oder Alicante (südlichster Teil Valencias). Im Osten, auf den Balearen, wird ebenso Katalanisch gesprochen, und im Westen ist die Sprachgrenze jenseits der Grenze zu Aragonien auszumachen. Jede einzelne Region hat natürlich ihren eigenen Dialekt, wie es bei anderen Sprachen auch der Fall ist. Gaudí sprach Katalanisch ebenso wie Miró, Dalí und Pau Casals. Picasso, der eigentlich aus Malaga stammte, lernte während seines Aufenthalts in Barcelona die katalanische Sprache.

Wenn Sie Katalanisch üben möchten, so stehen Ihnen Zeitungen, Zeitschriften und Bücher zur Wahl, sowie drei Fernsehprogramme, von denen zwei ausschließlich in katalanischer Sprache senden. Es gibt zahlreiche kommerzielle Radiosender, aber auch andere, die sich auf Musik- oder Kulturprogramme spezialisiert haben.

Die meisten Hinweis- und Verkehrsschilder, Straßennamen und Anschläge sind ebenfalls auf Katalanisch. Wundern Sie sich also nicht. Die meisten sind leicht zu entziffern oder liefern die entsprechende Übersetzung ins Spanische gleich mit. Der Gebrauch des Katalanischen sollte also für Sie keinesfalls ein Hindernis sein.

Wir hoffen, daß Ihnen dieser Sprachführer nützlich sein wird, denn mit diesem Ziel haben wir ihn zusammengestellt. Wir sind für alle Vorschläge, alle Ratschläge und alle Beiträge Ihrerseits dankbar.

Edicions de la Magrana
Apartat de Correus 9487
08080 Barcelona

0.2 Hinweise für den Benutzer des Konversationsführers

Der Sprachführer besteht aus vier Hauptteilen. Der erste, der auf das Vorwort und auf die Benutzeranleitung folgt, erklärt die phonetischen Eigenheiten des Katalanischen und des kastilischen Spanisch. Der zweite große Teil, der erst einmal auf einige Grundbegriffe der Grammatik eingeht, ist wiederum in dreizehn Themenbereiche unterteilt. Der dritte Teil besteht aus einer thematischen sowie einer alphabetischen Inhaltsangabe, und der vierte aus einem dreisprachigen Wörterbuch.

Die Sätze und Redewendungen stehen generell dreisprachig untereinander, mit Ausnahme des Kapitels «Hinweise», welches in zwei Spalten gegliedert ist. Die linke Spalte beinhaltet die katalanischen und spanischen Hinweise in alphabetischer Reihenfolge, und rechts steht die deutsche Übersetzung.

Der phonetische Teil widmet sich erst der katalanischen und daraufhin der kastilischen Aussprache. Um die wichtigsten Ausspracheregeln zu verdeutlichen und um eine korrekte Aussprache zu erreichen, bieten wir dem Benutzer die katalanische und die spanische Version eines Textes und eine Sammlung von transkribierten Redewendungen in beiden Sprachen.

Unter der Überschrift Grammatik finden wir keine theoretische Abhandlung zu den beiden Sprachsystemen, sondern die Veranschaulichung einiger Mechanismen, insbesondere die Veränderungen, die die verschiedenen Artikel, Personalpronomen, Possessiv- und Demonstrativpronomen usw. erforderlich machen. Ebenso finden wir hier einige Beispiele zur Konjugation regelmäßiger Verben im Präsenz, sowie die Konjugation der unregelmäßigen Verben ésser, estar, tenir, voler, haver / ser, estar, tener, querer, haber. Derjenige, der ausführlichere Informationen zur Konjugation von katalanischen bzw. spanischen Verben wünscht, sollte andere Informationsquellen hinzuziehen, die sicher nicht schwer zu finden sind.

Unter dem Titel «Häufig benutzte Worte und Wendungen» haben wir Ausdrücke und Redewendungen zusammengestellt, die in ganz konkreten Gesprächssituationen nützlich sind, und die in den meisten Fällen themenunabhängig einsetzbar sind. Dieser Teil enthält Redewendungen und Floskeln, die den Benutzer dazu befähigen, erste Kontakte herzustellen und diese dann auch zu vertiefen.

Der Sprachführer bietet zum größten Teil einfache, nach Themen geordnete Sätze, die miteinander kombiniert und/oder anhand des Wörterbuchteils am Schluß verändert werden können. Oft geben wir selbst auch Varianten eines Satzes an, indem wir ein Element einfach austauschen. Diese Varianten sind mit einem Schrägstrich gekennzeichnet.

Gibt es mehr als eine mögliche Variante, oder aber die Veränderung betrifft eine ganze Wortgruppe, so wird ein Absatz eingefügt und mit den Austauschelementen ein neuer Abschnitt eröffnet. In Klammern geben wir Suffixe und fakultative Zusätze an.

Um die Benutzung des Sprachführers zu erleichtern, haben wir ein ausführliches Sachregister ans Ende gestellt.

Das Wörterbuch, der letzte Teil dieses Sprachführers, enthält nur unbedingt notwendige Vermerke. Wir weisen meist nicht auf das Geschlecht hin, wenn dieses durch die Anwendung einiger ganz einfacher Regeln leicht zu identifizieren ist. In der Regel sind die auf -a endenden Sustantive weiblich, die anderen männlich. Diejenigen Substantive, die nicht dieser Regel folgen, erhalten den Zusatz m (maskulin) oder f (feminin), zum Beispiel: dia m, estació f. Einige katalanischen und spanischen Substantive werden vorzugsweise bzw. ausschließlich im Plural benutzt. Diese sind durch die Abkürzungen m pl und f pl gekennzeichnet. Bei veränderlichen Adjektiven geben wir die männliche und die weibliche Form an.

0.3 AUSSPRACHE

Im folgenden benutzte Zeichen zur phonetischen Transkription verschiedener Laute:

A:	Dumpfes a, Zwischenlaut zwischen a und e, ähnlich dem deutschen e in Harfe.
E:	Offenes e
O:	Offenes o
·:	Stimmhafter Laut, ähnlich dem deutschen <u>G</u>enie
L:	Verschmelzung von l und j
Ñ:	Nasaler Laut wie in Champagner
X:	Reibelaut wie im deutschen Bach
R:	Stark gerolltes r
Θ:	Zahnlaut, wie das englische th
χ:	Weiches deutsches sch
η	Nasaler Verschlußlaut

Aussprache im Katalanischen

Das katalanische Alphabet umfaßt sechsundzwanzig Buchstaben (Aussprache mit phonetischer Annäherung):

a (a), b (be), c (se), d (de), e (e), f (efA), g (Ψe), h (ak), i (i), j (ΨotA), k (ka), l (elA), m (emA), n (enA), o (O), p (pe), q (ku), r (erA), s (esA), t (te), u (u), v (be baχa), w (be dOblA), x (ekis), y (i grega), z (seta).

Das Katalanische hat verschiedene Dialekte, und die Aussprache erfährt infolgedessen leichte Veränderungen zwischen den einzelnen Regionen. Der vorliegende Sprachführer gibt die Aussprache des Zentralkatalanischen wieder, wozu auch das in Barcelona gesprochene Katalanisch gehört.

Vokale, Betonung

Um das Katalanische richtig auszusprechen und um verstanden zu werden, muß man besonders auf korrekte Betonung achten und darauf, ob einer der Vokale des Wortes einen Akzent trägt. Er kann auf der letzten Silbe (Oxytona bzw. *aguts*), auf der vorletzten (Paraoxytona bzw. *plans*), auf der drittletzten (Proparaoxytona bzw. *esdrúixols*) oder auf der viert- oder fünftletzten Silbe liegen. Nicht immer wird die betonte Silbe auch mit einem Akzent (Akut, bzw. Gravis) gekennzeichnet. Das Beherrschen der Akzentregeln erlaubt es, jedes katalanische Wort richtig zu betonen.

Proparoxytona werden stets mit einem Akzent versehen, z.Bsp.: música, matemàtica.

Paraoxytona tragen nur dann einen Akzent, wenn sie nicht wie folgt enden: auf Vokal, auf -as, -es, -is, -os, -us, -en, -in. Zum Beispiel: mit Akzent gekennzeichnet: fenòmens, àgil oder ohne graphischen Akzent: fenomen, pedra.

Oxytona tragen nur dann einen Akzent, wenn sie auf -as, -es, -is, -os, -us, -en, -in enden. Beispiel: català, francès (mit Akzent) und: cordons, estan (ohne Akzent).

Einsilbige Wörter werden zwar meistens betont, tragen aber nur einen graphischen Akzent, um Zweideutigkeiten zu vermeiden.

Anmerkung:
Es gibt keine nasalen Vokale im Katalanischen.

Vokale in betonten Silben

Betonte Vokale können, im Gegensatz zum Spanischen, entweder offen oder geschlossen sein.

a, à = (a). In tonischen Silben ist das a immer offen. Es kann einen Akzent (Gravis) tragen oder auch nicht. Bsp.: clar, mà, italià.

Das e kann offen oder geschlossen sein, es kann einen Akzent (Akut oder Gravis) tragen oder auch nicht.
e, é = (e). Geschlossenes e wie in Edikt, Erika. Bsp.: entén, festa
e, è = (E). Offenes e wie in fällen. Bsp.: vostè (bustE).

i, í, ï = (i) Das i ist immer geschlossen und kann einen Akzent (Akut) tragen, Bsp.: línea, vi. Wenn das i zwar betont ist, aber - gegen die Akzentregeln - keinen graphischen Akzent trägt und wenn dieses i bei einem Vokal steht, mit dem es keinen Diphtong bildet, trägt es ein Trema, zum Bsp.: veí, veïns (Nachbarn).

Das o kann offen oder geschlossen sein, einen Akzent (Akut oder Gravis) oder keinen tragen.
o, ó = (o) Geschlossenes o wie in Hose. Bsp.: sóc, catorze.
o, ò = (O) Offenes o wie in Ort. Bsp.: transport, lògica.

u, ú, ü = (u) Das u ist immer geschlossen und kann einen Akzent (Akut) tragen. Bsp.: número, denunciar. Wie das i kann es ein Trema tragen: ü (siehe dort). Nach einem q muß das u ein Trema tragen, wenn es ausgesprochen werden soll.

Vokale in unbetonten Silben

Im Zentralkatalanischen gibt es nur drei unbetonte Vokale: (i), (u), (A).

- (i) bleibt unverändert,
- (o) und (O) werden zu (u),
- (u) bleibt bestehen,
- (e), (E) und (a) werden zu (A).

In unbetonten Silben heißt das also:

(i) bleibt unverändert. Bsp.: das (i) in pi bleibt in der Ableitung pineda unverändert.

(a), (é), (è) werden zu (A). Bsp.: das (a) in mar wird zu (A) in der Ableitung maror (mAró), (e) in vent wird zu (A) in der Ableitung ventada (bAntadA), das (E) in alè wird zu (A) in der Ableitung alenar (AlAná).

(u), (o), (O) werden zu (u). Bsp.: das (u) in nul bleibt in der Ableitung nul.litat unverändert, das (o) in cotxe wird zu (u) in der Ableitung cotxet, das (O) in gros wird zu (u) in der Ableitung grosset.

Diphtonge

Die katalanische Sprache ist sehr reich an Diphtongen.
Man unterscheidet zwischen «fallenden Diphtongen», bei denen die Halbvokale **i** und **u** an zweiter Stelle stehen:

ai/au	aire, caure
ei/eu	feina, greu
iu	viu
oi/ou	noi, pou
ui/uu	cuina, duu

und «steigenden Diphtongen», bei denen diese Halbvokale an erster Stelle stehen (viatge, Viella). Besonders auffällig ist die Aussprache bei:

qu, gu + a : quatre (kwátrA), aigua (áigwA)
qu, gu + o : quotidià

qu, gu = e : qüestió, aigües
qu, gu = i : obliqüitat, ambigüitat.

Das i und das u können auch Halbkonsonanten in Diphtongen sein (wie z. Bsp. das deutsche j in Josef).
i (j) : noia, ianqui, iugoslau
u (w) : diuen, cauen

Die Konsonanten

Alle Konsonanten werden ausgesprochen, mit Ausnahme der Endkonsonanten nach einem n, des End-r und des **h**, das stets stumm bleibt (Ausnahme bei Ortsbe-zeichnungen, z.Bsp. Sahara). Bsp.: vent (bén), rimar (rimá), hac (ak), blanc (blaŋ).

Im Endlaut werden die stimmhaften Konsonanten stimmlos: (b)>(p), (g)>(k), (d)>(t), (·)>(J) (t·)>(tJ)

b, v, w (in einigen Fremdwörtern) werden gleich ausgesprochen (b). Bsp.: van, Barcelona, veure, watt. Zwischen zwei Vokalen werden sie aber zu einem leicht stimmhaften, bilabialen Reibelaut.

c (vor e, i), **s, ss** (zwischen zwei Vokalen), **ç** (vor a, o, u) = (s). Schwierige orthographische Regeln, Bsp.: cera, sa, rossa, Barça.

s (zwischen zwei Vokalen), **z** = (z) wie im deutschen Rose.

c (vor a, o, u), **k** (in einigen Fremdwörtern), **qu** (vor e, i) = k (wie im deutschen «Kilo»). Bsp.: com , casa, kamikaze, que, qui.

d = (d). Zwischen zwei Vokalen und in Verbindung mit einigen Konsonanten wird es aber zu einem leicht stimmhaften Reibelaut, zum Beispiel: dent, Aladí.

f = 'f' im Deutschen (francès, frase)

g (vor e, i) und **j** (vor a, o, u) = (¥). Wie in Genie
g (vor a, o, u oder Konsonant und als gue, gui) = 'g' im Deutschen. Bsp.: galta, guix. Zwischen zwei Vokalen und in Verbindung mit einigen Konsonanten wird es zu einem stimmhaften Reibelaut

h bleibt stumm

l = 'l' im Deutschen. Das Doppel-l schreibt man: l.l, Bsp.: il.lús. Achtung!, nicht zu verwechseln mit:

ll, der Verschmelzung von 'l+j' (llum).

m, **n** und **p** klingen wie im Deutschen.

ny = (Ñ) klingt wie das 'gn' in «Champagne» oder «Bologna» (senyor, Catalunya).

r wird, wie das 'r' in Österreich, als einfacher Zitterlaut ausgesprochen (ara, taronja). Steht es jedoch am Wortanfang oder in Verbindung mit einigen Konsonanten wird es zum rollenden Zungenspitzen-r (refugi, record), das genauso ausgesprochen wird, wie

rr: rollendes Zungenspitzen-r mit mehrmaligem Zungenschlag (terra, ferro).

t = deutsches 't'

w nur in Fremdwórtern als deutsches 'w' oder konsonantisches 'u', je nach Region und sozialer Schicht (water, Wilfredo).

x, xc = ks klingt wie im Deutschen (extraordinari, excel.lent).

x, ix = c, weiches deutsches sch (xocolata, guix, caixa)

Verschlußreibelaute:

ts = (ts), ähnlich dem Deutschen (pots, tsar)

tz = (dz), ähnlich dem Deutschen in Katze. Bsp.: atzar.

tx, ig = (tsch), wie in «Tschechen», zum Beispiel: cotxe, puig, boig.

tg, tj = (dsch), ähnlich wie im Fremdwort «Job» (metge, mitja).

Anschließend ein katalanischsprachiger Text und eine einfache phonetische Umschrift.

Descubreixi Barcelona
(dAskubreiχi bArsAlonA)

Transports Municipals de Barcelona li proporciona la possibilitat de descobrir al seu aire la ciutat de Barcelona posant al seu servei diversos mitjans de transport que l'acostaran al més característic i interessant de la ciutat. Per això haurà d'adquirir un bitllet amb validesa per a un o mig dia (a partir de les catorze hores) que li permetrà d'utilitzar lliurement i sense límit de viatges els cinc mitjans: l'autobús línia cent, el tramvia blau, el funicular de Montjüic, el telefèric de Montjüic y el funicular del Tibidabo.
Amb el bitllet que vostè adquireixi podrà pujar i baixar a qualsevol de les parades y tantes vegades como ho desitgi.

trAnspOrtz munisipálz dA bArsAlónA li prupursiónA lA pusibilitát dA dAscubrír Al seu áirA lA siutát dA bArsAlónA puzán Al seu sArvEi dibersus mit·ans dA trAnspOrd kAlAkustArán Almés kArAktArístik i intArAsán dA lA siutát. PAr aXO Aurá dAtkirí un biLEt Am bAlidEzA pArún O mit· díA A pArtí dA lAs kAtórzA OrAs kA li pArmAtrá dutilidzá LiuramAmén i sensA límid dA biá·Az Als sink mit·ánz: lAutubúz líniA sén Al trAmbíA bláu Al funikulá dA mon·uík Al tAlAfErik dA mon·uík iAl funikulá dAl tibidabu. AmbAl biLEt kA bustE AtkirEχi pudrá pu·á i ba·áakwalsAbOl dA lAs pArádAs i tántAz bAgádAs kOmu dAzít·i.

Entdecken Sie Barcelona

Die Städtischen Verkehrsbetriebe von Barcelona bieten Ihnen die Möglichkeit, ganz individuell Barcelona zu entdecken und stellen Ihnen verschiedene Beförderungsmittel zur Verfügung, die Sie an die typischsten und interessantesten Winkel der Stadt bringen.
Dazu müssen Sie lediglich eine Tages- bzw. Halbtageskarte (ab 14.00 Uhr) erwerben, mit der Sie nach Lust und Laune und so oft Sie wünschen die folgenden fünf Beförderungsmittel benutzen können: Bus Linie 100, «tramvia blau» (blaue Straßenbahn), Zahnradbahn auf den Montjüic, Seilbahn auf den Montjüic, Zahnradbahn auf den Tibidabo.
Mit dieser Karte können Sie an jeder Station beliebig oft aus- und zusteigen.

Aussprache im Spanischen

Das spanische Alphabet umfaßt dreißig Buchstaben:

a (a), b (be), c (Θe), ch (ché), d (de), e (e), f (efe), g (Xe), h (atsche), i (i), j (Xota), k (ka), l (ele), ll (eLe), m (eme), n (ene), ñ (eÑe), o (o), p (pe), q (ku), r (ere), rr (eRe), s (ese), t (te), u (u), v (ube), w (ube doble), x (ekis), y (i griéga), z (Θeta).

Das kastilische Spanisch hat verschiedene Dialekte und die Aussprache erfährt infolgedessen leichte Veränderungen zwischen den einzelnen Regionen. Der vorliegende Sprachführer gibt die Aussprache des reinen Standartkastilischen wieder, das im größten Teil der iberischen Halbinsel gesprochen wird.

Vokale, Betonung

Um das Kastilische richtig auszusprechen und um verstanden zu werden, muß man besonders auf die korrekte Betonung achten und darauf, ob einer der Vokale des Wortes einen Akzent trägt. Er kann auf der letzten Silbe (Oxytona bzw. palabras agudas), auf der vorletzten (Paraoxytona bzw. palabras llanas), auf der drittletzten (Proparaoxytona bzw. palabras esdrújulas) oder auf der viert- oder fünftletzten Silbe liegen. Nicht immer wird die betonte Silbe auch mit einem Akzent (Akut) gekennzeichnet. Das Beherrschen der Regeln zur Akzentsetzung erlaubt es, jedes spanische Wort richtig zu betonen.

Proparaoxytona werden stets mit einem Akzent versehen, z.Bsp.: pérdida, Península Ibérica.

Paraoxytona tragen nur dann einen Akzent, wenn sie nicht auf Vokal, auf **n** oder **s** enden. Zum Beispiel: árbol, tótem (mit Akzent versehen) oder: casa, piedra, España (ohne graphischen Akzent).

Oxytona tragen nur dann einen Akzent, wenn sie auf Vokal, auf **n** oder **s** enden, zum Beispiel: catalán, alemán, comió (mit Akzent) und: español, cristal (ohne Akzent).

Einsilbige Wörter werden zwar meistens betont, tragen aber nur einen graphischen Akzent, um Zweideutigkeiten zu vermeiden, z.Bsp: más (mehr) - mas (aber), te (dir) - té (Tee).

Bemerkungen

Im Kastilischen werden alle Vokale ohne Ausnahme ausgesprochen.

Man unterscheidet reine Vokale und Vokale in Diphtonge. Der Grad der Öffnung der Vokale hat keinen phonologischen Wert im Kastilischen. Das **a** ist immer rein und offen, während **e**, **i**, **o** und **u** auch halboffen bzw. halbgeschlossen sein können. Das **u** ist in den Verbindungen que, qui, gue, gui nur orthographisch, wird also nicht ausgesprochen. Nasalierte Vokale und Umlaute gibt es im Spanischen nicht.

Nicht betonte Silben

Jeder Vokal kann im Kastilischen auch innerhalb des Wortes stehen und erfährt dabei keine Veränderung in der Aussprache. Zum Beispiel: carro (kàRo) > carretera (kaRétera).

Diphtonge

Die spanische Sprache ist sehr reich an Diphtongen.
Man unterscheidet zwischen «fallenden Diphtongen», bei denen die Halbvokale **i** und **u** an zweiter Stelle stehen und «steigenden Diphtongen», bei denen diese Halbvokale an erster Stelle stehen. Diese letzteren sind im Kastilischen besonders häufig.

Beispiele für fallende Diphtonge:

ai/ay/au	aire, fray, causa
ei/ey/eu	reina, rey, Europa
oi/oy	boina, soy
ui/uy	ruido, muy

Beispiele für steigende Diphtonge:

ia/ya	viaje, yacer
ie/ye	tierno, Yerma
io/yo	idioma, Nueva York
iu/yu	ciudad, Yugoslavia
ua	ritual
ue	puerta
ui	buitre
uo	antiguo

Die Konsonanten

Bemerkung: Alle Konsonanten werden ausgesprochen, mit Ausnahme des **h**, das stets stumm bleibt (Ausnahme bei Ortsbezeichnungen, z.Bsp. Sahara). Im Spanischen werden Konsonanten in der Regel nicht verdoppelt. Das **s** ist meist stimmlos.

b, **v** bezeichnet im Spanischen denselben Laut = b (normalerweise wie das deutsche 'b' in Biene. Zwischen zwei Vokalen wird es aber zu einem leicht stimmhaften, bilabialen Reibelaut, zum Beispiel: cabaña, rabo. Das gleiche gilt für das **v**: avión, cava.

c (vor a, o, u), **k** (in einigen Fremdwörtern), **qu** (vor e,i) = k (wie im deutschen «Kilo»). Z.Bsp.: como, casa, kamikaze, queso.

c (vor e, i), **z** = Θ, ähnlich dem englischen 'th' in «thing», «the», oft aber noch artikulierter als dieses so, daß die Zungenspitze zwischen den Zähnen sichtbar wird. Zum Beispiel: centro, zapato, zorro, cinta, zinc.

ch = wie 'tsch' in «deutsch» oder besser wie das italienische 'c' in «ciao». Das deutsche 'sch' gibt es im Spanischen nicht. Beispiel: chocolate, muchacho.

d hat einen dreifachen Lautwert. Zum einen wird es als Anlaut und nach 'n' und 'l' wie das deutsche 'd' ausgesprochen (domingo, diente), zum zweiten als Reibelaut, wie ein ganz weiches englisches 'th' (cerdo, rueda) und zum dritten wird es als Ablaut fast verschluckt (Madrid, cuidad).

f = 'f' im Deutschen (francés, faro)

g (vor a, o, u oder Konsonant und als gue, gui) = 'g' im Deutschen, zum Beispiel: tango, gracias, gusano. Damit das 'u' nach dem 'g' ausgesprochen wird, bekommt es ein Trema (cigüeña)

g (vor e, i) und **j**, Reibelaut, wie ein deutsches palatales 'ch' in «Krach» (Don Quijote, Gerona, gitano)

h bleibt stumm

l = 'l' im Deutschen. Achtung!, nicht zu verwechseln mit:

ll, der Verschmelzung von 'l+j' (lluvia, calle).

m, **n** und **p** klingen wie im Deutschen.

ñ klingt wie das 'gn' in «Champagne» oder «Bologna» (señor, España).

r wird wie das 'r' in Österreich als einfacher Zitterlaut ausgesprochen, wenn es zwischen zwei Vokalen oder im Auslaut steht (matador, caro, torero), steht es jedoch am Wortanfang oder nach 'n, l, s', wird es zum rollenden Zungenspitzen-r (Roma, honra), das genauso ausgesprochen wird, wie

rr: rollendes Zungenspitzen-r mit mehrmaligem Zungenschlag (perro, carro).

s ist meist stimmlos wie im Deutschen 'müssen'. Vor einigen Konsonanten und im Ablaut wird es ganz leicht stimmhaft (desede, Israel).

t = deutsches 't'

w nur in Fremdwörtern als deutsches 'w' oder konsonantisches 'u', je nach Region und sozialer Schicht (water, Wilfredo)

x klingt wie im Deutschen.

y ist ein Halbkonsonant wie das deutsche 'j'.

Anschließend ein spanischsprachiger Text und eine einfache phonetische Umschrift.

Descubra Barcelona
Deskúbra barΘelóna

Transportes Municipales de	transpórtez muniΘipález de
Barcelona le proporciona	barΘelóna le proporΘióna
la posibilidad de descubrir	la posibilidad de deskubrir
a su aire la ciudad de	a su àire la Θiudád de
Barcelona poniendo a su	barΘelóna poniéndo a su
servicio diferentes medios	seRbíΘio diferéntes médioz
de transporte que le	de tranzpórte ke le
acercarán a lo más	aΘeRkarán a lo más

característico e interesante de la ciudad. Para ello deberá adquirir un billete con validez para uno o medio día (a partir de las catorce horas) que le permitirá utilizar libremente y sin límite de viajes los cinco medios: el autobús línea cien, el tranvía azul, el funicular de Montjüic, el teleférico de Montjüic y el funicular del Tibidabo.

Con el billete que usted adquiera podrá subrir y apearse en cualquiera de sus paradas y tantas veces como lo desee.

karakterístico e interesànte de la Θiudàd pára eljo deberà atkirir un biljéte kon balidéΘ pàra úno o médio día a partir de las katóΘe óras ke le permitirá utiliΘár líbremènte i sin límite de biáches los Θínko médios: el autobús línea Θién, el trambía aΘul. el funikulár de monchuík, el téléfériko de monchuík i el funikulár del tibidábo.

kon el biljéte ke ustéd atkjéra podrá subír i apeárse en kualkiéra de sus paradáz i támtaz béΘes kómo lo desé.

Entdecken Sie Barcelona

Die Städtischen Verkehrsbetriebe von Barcelona bieten Ihnen die Möglichkeit, ganz individuell Barcelona zu entdecken und stellen Ihnen verschiedene Beförderungsmittel zur Verfügung, die Sie an die typischsten und interessantesten Winkel der Stadt bringen.

Dazu müssen Sie lediglich eine Tages- bzw. Halbtageskarte (ab 14.00 Uhr) erwerben, mit der Sie nach Lust und Laune und so oft Sie wünschen die folgenden fünf Beförderungsmittel benutzen können: Bus Linie 100, «tramvia blau» (blaue Straßenbahn), Zahnradbahn auf den Montjüic, Seilbahn auf den Montjüic, Zahnradbahn auf den Tibidabo.

Mit dieser Karte können Sie an jeder Station beliebig oft aus- und zusteigen.

Ein paar Beispiele zum Üben

Ich bitte Sie	Faci el favor (Fási Al fAbór)	Haga el favor (ága el fabór)
Guten Tag, Mein Herr	Bon dia, senyor (bòndíA sAÑó)	Buenos días, señor (buénos días seÑór)
Auf Wiedersehen, meine Dame	Adéu, senyora (Adéu sAÑórA)	Adiós, senyora (adiós seÑóra)
Vielen Dank für Ihre Hilfe, Fräulein	Gràcies per la seva ajuda, senyoreta (grásiAs pAr lA sébA A¥údA sAÑurétA)	Gracias por su ayuda, señorita (gràΘias por su aiúda seÑoríta)
Ich bin Deutscher	Sóc alemany (sOk alemáÑ)	Soy alemán (sói alemán)
Ich heiße Hans Wolter	Em dic Hans Wolter (Am dik hans wolter)	Me llamo Hans Wolter (Me Lámo hans wolter)
Ich verstehe Sie nicht	No l'entenc (no lAnténk)	No le entiendo no lentiéndo)
Könnten Sie wiederholen, was Sie gesagt haben?	Vol repetir el que ha dit? (bòl rApAtíAl ka dit?)	¿Quiere repetir lo que ha dicho? (kiére Repetír lo keá dítscho?)
Bitte sprechen Sie langsam	Per favor, parli a poc a poc (pAr fAbór párli ApOkApOk)	Por favor, hable despacio (por fabór áble despáΘio)
Könnten Sie mir helfen?	Vol ajudar-me? (bOl A¥udármA?)	¿Quiere ayudarme? (kiére aiudárme?)

Ich hätte gerne ein Zimmer für drei Nächte	Em cal una habitació per a tres nits (Am kal unAbitAsió pArAtrEs nits)	Necesito una habitación para tres noches (neΘesíto únabitaΘiOn para trEs nótsches)
Wo ist eine Telefonzelle?	On hi ha una cabina telefònica? (óniá únA kAbínA tAlAfOnikA?)	¿Dónde hay una cabina telefónica? (¿dóndeái una kabína telefónika?)
Ist es weit von hier?	És lluny d'aquí? (és LuÑ dAkí?)	¿Está lejos de aquí? (¿està leXos deakí?)
Wieviel kostet es?	Quant costa? (kuán kOstA?)	¿Cuánto cuesta? (¿kuánto kuésta?)
Bringen Sie mir ein Bier	Porti'm una cervesa (pórtim únA sArbézA)	Tráigame una cerveza (tráigame úna ΘerbéΘa)
Wieviel schulde ich Ihnen?	Quan li dec? (kuán li dék?)	Cuánto le debo? (kuánto le débo?)
Wir fahren mit dem Auto	Viatgem amb cotxe (biAdschém Am kótschA)	Viajamos en coche (biaXámos en kótsche)
Wir kommen am 16. Mai an	Arribarem el setze de maig (ARibArém Al sétzA dA mátch)	Llegaremos el dieciséis de mayo (Legarémos el dieΘiséis de máio)

1. GRAMMATIK. GRAMÀTICA. *GRAMÁTICA*

1.1 Präpositionen. Preposicions. *Preposiciones*

Nach Barcelona
A Barcelona
A Barcelona

In Barcelona
A Barcelona
En Barcelona

Von Barcelona
De Barcelona
De Barcelona

Zu Peter
A casa d'en Pere
A casa de Pedro

Bei Peter
A casa d'en Pere
En casa de Pedro

Von Peter aus
De casa d'en Pere
De casa de Pedro

Neben der Kathedrale, bei der Kathedrale
Al costat de la catedral, vora la catedral
Al lado de la catedral, junto a la catedral

Vor dem Fest
Abans de les festes
Antes de las fiestas

Nach der Ankunft
Després d'arribar
Después de llegar

Mit Reis
Amb arròs
Con arroz

Ohne Kohlensäure
Sense gas
Sin gas

Hinter dem Turm
Darrere la torre
Detrás de la torre

Vor dem Gebäude
Davant l'edifici
Delante del edificio

Während der Reise
Durant el viatge
Durante el viaje

Zwischen Zentrum und Hotel
Entre el centre i l'hotel
Entre el centro y el hotel

Für Maria
Per a la Maria
Para María

Von allen akzeptiert
Acceptat per tothom
Aceptado por todo el mundo

Auf dem Tisch
Sobre la taula, damunt la taula
Sobre la mesa, encima de la mesa

Unter dem Bett
Sota el llit
Debajo de la cama

Um... herum
Al voltant de
Alrededor de

Von
Des de
Desde

Nach
Cap a
Hacia

Bis
Fins a
Hasta

Laut / nach
Segons
Según

1.2 **Der Artikel**. L'article. *El artículo*

Der Monat
El mes
El mes

Die Monate
Els mesos
Los meses

Das Jahr
L'any
El año

Die Jahre
Els anys
Los años

Die Woche
La setmana
La semana

Die Wochen
Les setmanes
Las semanas

Die Jahreszeit
L'estació
La estación

Die Jahreszeiten
Les estacions
Las estaciones

1.3 **Fragepronomen**. Interrogatius. *Interrogativos*

Wie alt sind Sie?
Quants anys té?
¿Cuántos años tiene?

Wie geht es Ihnen?
Com està?
¿Cómo está?

Wo ist das?
On és?
¿Dónde está?

Wohin gehen Sie?
A on va?
¿Adónde va?

Woher kommen Sie?
D'on ve?
¿De dónde viene?

Wer hat es gesehen?
Qui ho ha vist?
¿Quién lo ha visto?

Wem haben Sie es gegeben?
A qui l'ha donat?
¿A quién lo ha entregado?

Wen möchten Sie besuchen?
A qui vol visitar?
¿A quién quiere visitar?

Von wem haben Sie es bekommen?
De qui l'ha rebut?
¿De quién lo ha recibido?

Mit wem reisen Sie?
Amb qui viatja?
¿Con quién viaja?

Wohin fährt dieser Zug?
Fins on va aquest tren?
¿Hasta dónde va este tren?

Welchen wünschen Sie?
Quin desitja?
¿Cuál desea?

Bis wann bleiben Sie in Spanien?
Fins quan es queda a Espanya?
¿Hasta cuándo se queda en España?

Mit welchem von beiden haben Sie gesprochen?
Amb quin dels dos ha parlat?
¿Con cuál de los dos ha hablado?

Wieviel Liter Benzin wollen Sie?
Quanta gasolina vol?
¿Cuánta gasolina quiere?

Wieviel kostet es?
Quant costa? Quant val?
¿Cuánto cuesta? ¿Cuánto vale?

Was ist das?
Què és això?
¿Qué es esto?

Welche Farbe hat es?
De quin color és?
¿De qué color es?

Warum gehen / fahren Sie weg?
Per què se'n va?
¿Por qué se va?

Wann können wir uns sehen?
Quan podem veure'ns?
¿Cuándo podemos vernos?

Wie ist es? Was für ...?
Com és? Quina mena?
¿Cómo es? ¿Qué tipo?

Wie ist Ihr Zimmer?
Com és la seva habitació?
¿Cómo es su habitación?

Was für ein Zimmer wünschen Sie?
Quina mena d'habitació desitja?
¿Qué habitación desea?

Wozu brauchen Sie den Stoff?
Per a què vol la roba?
¿Para qué quiere la tela?

Was wünschen Sie?
Què desitja?
¿Qué desea?

Was hätten Sie gern zum Fleisch?
Amb què desitja la carn?
¿Con qué desea la carne?

1.4 Die Personalpronomen
Els pronoms personals
Los pronombres personales

Ich singe
(jo) canto
(yo) canto

Du singst
(tu) cantes
(tú) cantes

Er singt
(ell) canta
(él) canta

Sie singt
(ella) canta
(ella) canta

Wir singen
(nosaltres) cantem
(nosotros) cantamos

Ihr singt
(vosaltres) canteu
(vosotros) cantais

Sie singen (m)
(ells) canten
(ellos) cantan

Sie singen (f)
(elles) canten
(ellas) cantan

Wer?
Qui?
¿Quién?

Wer ist das?
Qui és?
¿Quién es?

Ich. Ich bin es
Jo. Sóc jo
Yo. Soy yo

Du. Du bist es
Tu. Ets tu
Tú. Eres tú

Er. Er ist es
Ell. És ell
Él. Es él

Sie. Sie ist es
Ella. És ella
Ella. Es ella

Sie. Sie sind es (sing.)
Vostè. És vostè
Usted. Es usted

Wir. Wir sind es
Nosaltres. Som nosaltres
Nosotros. Somos nosotros

Ihr. Ihr seid es
Vosaltres. Sou vosaltres
Vosotros. Sois vosotros

Sie. Sie sind es (m. pl.)
Ells. Són ells
Ellos. Son ellos

Sie. Sie sind es (f. pl.)
Elles. Són elles
Ellas. Son ellas

Sie. Sie sind es (pl.)
Vostès. Són vostès
Ustedes. Son ustedes

Dieser Herr
Aquest senyor
Este señor

Diese Frau dort
Aquella senyora
Aquella señora

Diese Herren
Aquests senyors
Estos señores

An wen sollte man sich wenden?
A qui caldria dirigir-se?
¿A quién habría que dirigirse?

An mich
A mi
A mí

An dich
A tu
A ti

An ihn / sie
A ell / ella
A él / ella

An Sie
A vostè
A usted

An uns
A nosaltres
A nosotros / nosotras

An euch
A vosaltres
A vosotros / vosotras

An sie (m) / (f)
A ells / elles
A ellos / ellas

An diese Dame
A aquesta senyora
A esta señora

An diese Damen
A aquestes senyores
A estas señoras

Mit mir
Amb mi
Conmigo

Mit ihm / ihr
Amb ell / ella
Con él / ella

Mich. Sie rufen mich
A mi. Em criden a mi
A mí. Me llaman a mí

Dich. Sie rufen dich
A tu. Et criden a tu
A ti. Te llaman a ti

Ihn. Sie rufen ihn
A ell. El criden a ell
A él. Le llaman a él

Sie. Sie rufen sie
A ella. La criden a ella
A ella. La llaman a ella

Sie. Sie rufen Sie
A vostè. El / la criden a vostè
A usted. Le / la llaman a usted

Uns. Sie rufen uns
A nosaltres. Ens criden a nosaltres
A nosotros -as. Nos llaman a nosotros -as

An Sie (pl.)
A vostès
A ustedes

An diesen Herrn
A aquell senyor
A aquel señor

Mit wem möchten Sie sprechen?
Amb qui desitja parlar?
¿Con quién desea hablar?

Mit dir
Amb tu
Contigo

Wen rufen sie?
A qui criden?
¿A quién llaman?

Euch. Sie rufen euch
A vosaltres. Us criden a vosaltres
A vosotros -as. Os llaman a vosotros -as

Sie. Sie rufen sie (m. pl.)
A ells. Els criden a ells
A ellos. Les llaman a ellos

Sie. Sie rufen sie (f. pl.)
A elles. Les criden a elles
A ellas. Las llaman a ellas

Sie. Sie rufen Sie (pl.)
A vostès. Els / les criden a vostès
A ustedes. Les / las llaman a ustedes

1.5 **Die Possessivpronomen**. Els possessius. *Los posesivos*

Wem ist das?
De qui és?
¿De quién es?

Wem ist dieses Buch?
De qui és aquest llibre?
¿De quién es este libro?

Es ist mir. Es ist mein Buch
És meu. És el meu llibre
Es mío. Es mi libro

Es ist dir. Es ist dein Buch
És teu. És el teu llibre
Es tuyo. Es tu libro

Es ist ihm / Ihnen. Es ist sein / Ihr Buch
És seu. És el seu llibre
Es suyo. Es su libro

Es ist ihm / ihr. Es ist sein / ihr Buch.
És d'ell / d'ella. És el llibre d'ell / d'ella
Es de él / ella. Es el libro de él / ella

Es ist Ihnen. Es ist Ihr Buch
És de vostè. És el llibre de vostè
Es de usted. Es el libro de usted

Es gehört Herrn Roca. Es ist Herrn Rocas Buch
És del senyor Roca. És el llibre del senyor Roca
Es del señor Roca. Es el libro del señor Roca

Es gehört uns. Es ist unser Buch
És nostre. És el nostre llibre
Es nuestro. Es nuestro libro

Es gehört euch. Es ist euer Buch
És vostre. És el vostre llibre
Es vuestro. Es vuestro libro

Es gehört Ihnen. Es ist Ihr Buch
És seu. És el seu llibre
Es suyo. Es su libro

Es gehört ihnen (m./f.). Es ist ihr Buch
És d'ells / d'elles. És el llibre d'ells / d'elles
Es de ellos / ellas. Es el libro de ellos / ellas

Es gehört Ihnen. Es ist Ihr Buch (pl.)
És de vostès. És el llibre de vostès
Es de ustedes. Es el libro de ustedes

Wem ist dieser Brief?
De qui és aquesta carta?
¿De quién es esta carta?

Er ist mir. Es ist mein Brief
És meva. És la meva carta
Es mía. Es mi carta

Er ist dir. Es ist dein Brief
És teva. És la teva carta
Es tuya. Es tu carta

Er ist ihm. Es ist sein Brief
És seva. És la seva carta
Es suya. Es su carta

Mein Bruder ist groß
El meu germà és alt
Mi hermano es alto

Deine Schwester ist sympathisch
La teva germana és simpàtica
Tu hermana es simpática

Unsere Familie ist sehr groß
La nostra família és molt gran
Nuestra familia es muy grande

Unsere Eltern und die euren kennen sich nicht
Els nostres pares i els vostres no es coneixen
Nuestros padres y los vuestros no se conocen

1.6 **Die Demonstrativpronomen**.
Els demostratius.
Los demostrativos

Welcher? Was?
Quin? Què?
¿Cuál? ¿Qué?

Dieser Zug
Aquest tren
Este / ese tren

Dieser Platz
Aquesta plaça
Esta / esa plaza

Diese Fahrkarten
Aquests bitllets
Estos / esos billetes

Diese Häuser
Aquestes cases
Estas / esas casas

Das Schiff dort
Aquell vaixell
Aquel barco

Der Wohnwagen dort
Aquella caravana
Aquella caravana

Die Gebäude dort
Aquells edificis
Aquellos edificios

Die Berge dort
Aquelles muntanyes
Aquellas montañas

Was ist das?
Què és això?
¿Qué es esto / eso?

Das ist ein Sprachführer
Això és una guia de conversa
Esto / eso es una guía de conversación

Das gefällt mir nicht
Això no m'agrada
Esto / eso no me gusta

1.7 **Personenbeschreibung. Vergleich**
Descripció de persones. Comparació
Descripción de personas. Comparación

Paul ist ein Meter achtzig groß
En Pau fa un metre vuitanta
Pablo mide un metro ochenta

Marta ist ein Meter sechzig groß
La Marta fa un metre seixanta
Marta mide un metro sesenta

Paul ist viel größer als Marta
En Pau és molt més alt que la Marta
Pablo es mucho más alto que Marta

Marta ist kleiner als Paul
La Marta és més baixa que en Pau
Marta es más baja que Pablo

Paul ist sehr groß
En Pau és molt alt
Pablo es muy alto

Bernhard ist sehr dünn
En Bernat és molt prim
Bernardo es muy delgado

Karl ist genauso groß wie Bernhard
En Carles és tan alt com en Bernat
Carlos es tan alto como Bernardo

Karl wiegt achtzig Kilo, Bernhard fünfundsechzig
En Carles pesa vuitanta quilos, en Bernat seixanta-cinc
Carlos pesa ochenta kilos, Bernardo sesenta y cinco

Bernhard ist dünner als Karl
En Bernat és més prim que en Carles
Bernardo es más delgado que Carlos

Bernhard ist sehr sehr dünn
En Bernat és primíssim
Bernardo es delgadísimo

Bernhard ist zu dünn
En Bernat és massa prim
Bernardo es demasiado delgado

Bernhard ist kein bißchen dick
En Bernat no és gens gras
Bernardo no es nada gordo

1.8 Konjugation. Regelmäßige Verben
Conjugació. Verbs regulars
Conjugación. Verbos regulares

Sprechen	**Ich spreche**	**Du sprichst**
Parlar	Parlo	Parles
Hablar	*Hablo*	*Hablas*
	Er spricht	**Wir sprechen**
	Parla	Parlem
	Habla	*Hablamos*

		Ihr sprecht	**Sie sprechen**
		Parleu	Parlen
		Habláis	*Hablan*

Fürchten	**Ich fürchte**	**Du fürchtest**
Témer	Temo	Tems
Temer	*Temo*	*Temes*

	Er fürchtet	**Wir fürchten**
	Tem	Temem
	Teme	*Tememos*

	Ihr fürchtet	**Sie fürchten**
	Temeu	Temen
	Teméis	*Temen*

vereinen	**Ich vereine**	**Du vereinst**
Unir	Uneixo	Uneixes
Unir	*Uno*	*Unes*

	Er vereint	**Wir vereinen**
	Uneix	Unim
	Une	*Unimos*

	Ihr vereint	**Sie vereinen**
	Uniu	Uneixen
	Unís	*Unen*

1.9 Konjugation. Unregelmäßige Verben
Conjugació. Verbs irregulars
Conjugación. Verbos irregulares

Das Zustandsverb sein
(Bei bleibenden Eigenschaften oder mit Substantiven)
El verb d'existència ésser / ser
(Amb propietats permanents o amb substantius)
El verbo de existencia ser
(Con propiedades permanentes o con sustantivos)

Ich bin groß. Ich bin Zahnarzt
Sóc alt -a. Sóc dentista
Soy alto -a. Soy dentista

Du bist groß. Du bist Zahnarzt
Ets alt -a. Ets dentista
Eres alto -a. Eres dentista

Er ist groß. Er ist Zahnarzt
És alt -a. És dentista
Es alto -a. Es dentista

Wir sind groß. Wir sind Zahnärzte
Som alts -es. Som dentistes
Somos altos -as. Somos dentistas

Ihr seid groß. Ihr seid Zahnärzte
Sou alts -es. Sou dentistes
Sois altos -as. Sois dentistas

Sie sind groß. Sie sind Zahnärzte
Són alts -es. Són dentistes
Son altos -as. Son dentistas

Das Zustandsverb sein (Bei vorübergehenden oder erworbenen Eig.)
El verb d'existència estar (Amb propietats adquirides o transitòries)
El verbo de existencia estar (Con propiedades adquiridas o transitorias)

Ich bin müde Estic cansat -ada *Estoy cansado -a*	**Du bist müde** Estàs cansat -ada *Estás cansado -a*
Er / sie / es ist müde Està cansat -ada *Está cansado -a*	**Wir sind müde** Estem cansats -ades *Estamos cansados -adas*
Ihr seid müde Esteu cansats -ades *Estáis cansados -adas*	**Sie sind müde** Estan cansats -ades *Están cansados -adas*

Das besitzanzeigende Verb haben
El verb de possessió tenir
El verbo de posesión tener

Ich habe	**Du hast**	**Er hat**
Tinc	Tens	Té
Tengo	*Tienes*	*Tiene*

Wir haben	**Ihr habt**	**Sie haben**
Tenim	Teniu	Tenen
Tenemos	*Tenéis*	*Tienen*

1.10 Mengenangaben. Quantitatius. *Cuantitativos*

Sie können solange hierbleiben, wie Sie wollen
Pot passar aquí tant de temps com vulgui
Puede pasar aquí tanto tiempo como quiera

Dieses Geschäft ist durchgehend geöffnet
Aquesta botiga està oberta tot el dia
Esta tienda está abierta todo el día

Ich würde gerne ein paar Geschenke kaufen
Voldría comprar uns regals
Quisiera comprar unos regalos

Ich habe ziemlich viele Geschenke gekauft
He comprat bastants / prou regals
He comprado bastantes regalos

Ich habe wenig Geld
Tinc pocs diners
Tengo poco dinero

Heute ist es weniger sonnig / sonniger als gestern
Avui fa menys / més sol que ahir
Hoy hace menos / más sol que ayer

Wir wollen jeden Tag an den Strand gehen
Volem anar a la platja tots els dies
Queremos ir a la playa todos los días

In jedem Zimmer ist ein Kühlschrank
Cada habitació té nevera
Cada habitación tiene nevera

Wir wollen ein, zwei Tage hier verbringen
Volem passar aquí un parell de dies
Queremos pasar aquí un par de días

Ich verstehe alles
Ho entenc tot
Lo entiendo todo

Ich verstehe nichts
No entenc res
No entiendo nada

Ich habe viele / sehr viele Fragen
Tinc moltes / moltíssimes preguntes
Tengo muchas / muchísimas preguntas

1.11 Kardinalzahlen
Numerals cardinals
Numerales cardinales

0	**Null** Zero *Cero*	**1**	**Eins, Ein -e** Un -a *uno / un -a*	**2**	**Zwei** Dos, dues *Dos*
3	**Drei** Tres *Tres*	**4**	**Vier** Quatre *Cuatro*	**5**	**Fünf** Cinc *Cinco*
6	**Sechs** Sis *Seis*	**7**	**Sieben** Set *Siete*	**8**	**Acht** Vuit *Ocho*
9	**Neun** Nou *Nueve*	**10**	**Zehn** Deu *Diez*	**11**	**Elf** Onze *Once*
12	**Zwölf** Dotze *Doce*	**13**	**Dreizehn** Tretze *Trece*	**14**	**Vierzehn** Catorze *Catorce*
15	**Fünfzehn** Quinze *Quince*	**16**	**Sechzehn** Setze *Dieciséis*	**17**	**Siebzehn** Disset *Diecisiete*
18	**Achtzehn** Divuit *Dieciocho*	**19**	**Neunzehn** Dinou *Diecinueve*		
20	**Zwanzig** Vint *Veinte*	**21**	**Einundzwanzig** Vint-i-u-n -una *Veintiuno / veintiún -a*		

22	**Zweiundzwanzig** Vint-i-dos *Veintidós*	**23**	**Dreiundzwanzig** Vint-i-tres *Veintitrés*
24	**Vierundzwanzig** Vint-i-quatre *Veinticuatro*	**30**	**Dreißig** Trenta *Treinta*
33	**Dreiunddreißig** Trenta-tres *Treinta y tres*	**40**	**Vierzig** Quaranta *Cuarenta*
50	**Fünfzig** Cinquanta *Cincuenta*	**60**	**Sechzig** Seixanta *Sesenta*
70	**Siebzig** Setanta *Setenta*	**80**	**Achtzig** Vuitanta *Ochenta*
90	**Neunzig** Noranta *Noventa*	**100**	**Hundert** Cent *Cien /Ciento*
105	**Hundertfünf** Cent cinc *Ciento cinco*	**170**	**Hundertsiebzig** Cent setanta *Ciento setenta*
200	**Zweihundert** Dos-cents, dues-centes *Doscientos -as*	**300**	**Dreihundert** Tres-cents -centes *Trescientos -as*
400	**Vierhundert** Quatre-cents -centes *Cuatrocientos -as*	**500**	**Fünfhundert** Cinc-cents -centes *Quinientos -as*
600	**Sechshundert** Sis-cents -centes *Seiscientos -as*	**700**	**Siebenhundert** Set-cents -centes *Setecientos -as*
800	**Achthundert** Vuit-cents -centes *Ochocientos -as*	**900**	**Neunhundert** Nou-cents -centes *Novecientos -as*

1000	**Tausend** Mil *Mil*	**1001**	**Tausendundeins** Mil u-n -a *Mil uno / un -a*

1992 **Neunzehnhundertzweiundneunzig**
Mil nou-cents noranta-dos
Mil novecientos noventa y dos

2000	**Zweitausend** Dos / dues mil *Dos mil*	**Eine Million** Un milió *Un millón*

Eine Milliarde
Mil milions
Mil millones

1.12 Ordinalzahlen
Numerals ordinals
Numerales ordinales

Erste Primer -a *Primer-o -a*	**Zweite** Segon -a *Segundo -a*
Dritte Tercer -a *Tercer-o -a*	**Vierte** Quart -a *Cuarto -a*
Fünfte Cinquè -ena *Quinto -a*	**Sechste** Sisè -ena *Sexto -a*
Siebte Setè -ena *Séptimo -a*	**Achte** Vuitè -ena *Octavo -a*
Neunte Novè -ena *Noveno -a*	**Zehnte** Desè -ena *Décimo -a*
Elfte Onzè -ena *Undécimo -a*	**Zwölfte** Dotzè -ena *Duodècimo -a*

1.13 **Bruchzahlen**
Nombres trencats / fraccionaris
Números quebrados / fraccionarios

Ein Halb
Mig, mitja, meitat f
Medio -a, mitad f

Ein Drittel
Un terç
Un tercio

Ein Viertel
Un quart
Un cuarto

Ein Fünftel
Un cinquè
Un quinto

Ein Sechstel
Un sisè
Un sexto

Ein Zehntel
Un desè
Un décimo

Ein Hundertstel
Un centèssim
Un centésimo

Zwei Drittel
Dos terços
Dos tercios

Drei Viertel
Tres quarts
Tres cuartos

1.14 **Wieviel Uhr ist es? Können Sie mir sagen, wie spät es ist?**
Quina hora és? Perdoni, pot dir-me l'hora?
¿Qué hora es? Perdone, ¿puede decirme la hora?

Es ist ein Uhr
És la una
Es la una

Es ist etwa zwei Uhr
Són les dues aproximadament
Son las dos aproximadamente

Es ist Punkt drei / acht / elf Uhr
Són les tres / vuit / onze en punt
Son las tres / ocho / once en punto

Es ist kurz nach neun
Són les nou tocades
Son las nueve pasadas

Es ist Viertel nach zwölf
És un quart d'una
Son las doce y cuarto

Es ist Viertel nach eins
És un quart de dues
Es la una y cuarto

Es ist halb eins
Són dos quarts d'una
Son las doce y media

Es ist Viertel nach drei / vier / fünf
És un quart de quatre / cinc / sis
Son las tres / cuatro / cinco y cuarto

Es ist halb zwei
Són dos quarts de dues
Es la una y media

Es ist Viertel vor eins
Són tres quarts d'una
Es la una menos cuarto

Es ist halb sieben / neun / zwölf
Són dos quarts de set / nou / dotze
Son las seis / ocho / once y media

Es ist Viertel vor zwei
Són tres quarts de dues
Son las dos menos cuarto

Es ist Viertel vor acht / zehn / zwölf
Són tres quarts de vuit / deu / dotze
Son las ocho / diez / doce menos cuarto

Es ist zehn nach eins
És la una i deu minuts
Es la una y diez minutos

Es ist fünf nach halb sieben
Són dos quarts i cinc -minuts de set
Son las seis y treinta y cinco -minutos

Es ist zehn vor acht
Són les vuit menys deu -minuts, Són tres quarts i cinc de vuit
Son las ocho menos diez -minutos

Es ist fünf vor halb sieben
Són dos quarts menys cinc -minuts de set
Son las seis y veinticinco -minutos

Es ist zwanzig vor acht
Són tres quarts menys cinc -minuts de vuit
Son las ocho menos veinte -minutos

Es ist Mittag
És migdia
Es mediodía

Es ist Mitternacht
És mitjanit
Es medianoche

1.15 **Um wieviel Uhr?**
A quina hora?
¿A qué hora?

Um ein Uhr
A la una
A la una

Um zwei Uhr
A les dues
A las dos

Um zehn Uhr morgens
A les deu del matí
A las diez de la mañana

Punkt drei / acht / elf Uhr
A les tres / vuit / onze -en punt
A las tres / ocho / once -en punto

Um halb vier nachmittags
A dos quarts de quatre de la tarda
A las tres y media de la tarde

Um Viertel nach zehn abends
A un quart d'onze del vespre
A las diez y cuarto de la noche

Um halb drei nachts / morgens
A (dos) quarts de tres de la matinada
A las dos y media de la madrugada

Um zwanzig vor sechs
A tres quarts menys cinc de sis
A las seis menos veinte

Am Mittag
Al migdia
A mediodía

Um Mitternacht
A mitjanit
A medianoche

Kurz nach acht
Després de les vuit, A les vuit tocades
Después de las ocho, A las ocho pasadas

Gegen elf Uhr
Cap a les onze
A eso de las once

Vor sieben Uhr
Abans de les set
Antes de las siete

In fünf Minuten
D'aquí a cinc minuts
Dentro de cinco minutos

1.16 **Das Datum.** La data. *La fecha*

Das Olympiastadion von Barcelona wurde am 8. September 1989 eingeweiht
L'Estadi Olímpic de Barcelona va ser inaugurat el 8 (vuit) de setembre de 1989 (mil nou-cents vuitanta-nou)
El Estadio Olímpico de Barcelona fue inaugurado el 8 (ocho) de septiembre de 1989 (mil novecientos ochenta y nueve)

Welcher Tag ist heute?
Quin dia som avui?
¿A cuántos estamos?

Heute ist der 19. Januar
És el 19 (dinou) de gener
Estamos a 19 (diecinueve) de enero

Wann sind Sie angekommen?
Quan ha arribat vostè?
¿Cuándo ha llegado usted?

Am ersten Dezember
El primer de desembre, L'u de desembre
El primero de diciembre

Am zweiten November
El dos de novembre
El dos de noviembre

Vom 7. bis zum 10. letzten Monats war ich in Madrid
Entre el set i el deu del mes passat vaig ser a Madrid
Entre el siete y el diez del mes pasado estuve en Madrid

Ab dem fünfundzwanzigsten nächsten Monats
A partir del vint-i-cinc del mes que ve
A partir del veinticinco del mes que viene

Anfang des Monats	**Mitte August**
Al començament del mes	A mitjan agost
A comienzos de mes	*A mediados de agosto*

Ende Juli
A finals de juliol
A fines / finales de julio

Neunzehnhundertzweiundneunzig
El mil nou-cents noranta-dos
En mil novecientos noventa y dos

1.17 **Die Tage der Woche**
Els dies de la setmana
Los días de la semana

Montag Dilluns *Lunes*	**Dienstag** Dimarts *Martes*
Mittwoch Dimecres *Miércoles*	**Donnerstag** Dijous *Jueves*
Freitag Divendres *Viernes*	**Samstag** Dissabte *Sábado*

Sonntag
Diumenge
Domingo

1.18 **Die Jahreszeiten. Die Monate des Jahres**
Les estacions. Els mesos de l'any
Las estaciones. Los meses del año

Frühling Primavera *Primavera*	**Sommer** Estiu *Verano*	**Herbst** Tardor *Otoño*

Winter
Hivern
Invierno

Januar Gener *Enero*	**Februar** Febrer *Febrero*	**März** Març *Marzo*
April Abril *Abril*	**Mai** Maig *Mayo*	**Juni** Juny *Junio*
Juli Juliol *Julio*	**August** Agost *Agosto*	**September** Setembre *Septiembre*
Oktober Octubre *Octubre*	**November** Novembre *Noviembre*	**Dezember** Desembre *Diciembre*

1.19 **Feiertage**. Festes. *Fiestas.*

1. Januar, Neujahr
1 de gener, Cap d'Any
1 de enero, Año Nuevo

6. Januar, Hl. Drei Könige
6 de gener, Reis
6 de Enero, Epifanía

19. März, Sankt Josef
19 de març, Sant Josep
19 de marzo, San José

Karfreitag
Divendres Sant
Viernes Santo

Ostermontag
Dilluns de Pasqua
Lunes de Pascua

23. April, Sankt Georg
23 d'abril, Sant Jordi
23 de abril, San Jorge

1. Mai, Tag der Arbeit
1 de maig, la Festa del Treball
1 de mayo, la Fiesta del Trabajo

Pfingstmontag
Dilluns de Pentecosta
Lunes de Pentecostés

24. Juni, Sankt Johannes
24 de juny, Sant Joan
24 de junio, San Juan

25. Juli, Sankt Jakob
25 de juliol, Sant Jaume
25 de julio, Santiago Apóstol

15. August, Mariä Himmelfahrt
15 d'agost, Assumpció de la Verge Maria
15 de agosto, Asunción de la Virgen María

11. September, Nationalfeiertag Kataloniens
11 de setembre, Diada de Catalunya
11 de septiembre, Fiesta Nacional de Catalunya

12. Oktober, Nationalfeiertag Spaniens
12 d'octubre, Dia de la Hispanitat, el Pilar
12 de octubre, Día de la Hispanidad

1. November, Allerheiligen
1 de novembre, Tots Sants
1 de noviembre, Todos los Santos

6. Dezember, Tag der Verfassung
6 de desembre, Dia de la Constitució
6 de diciembre, Día de la Constitución

8. Dezember, Mariä Empfängnis
8 de desembre, Immaculada Concepció
8 de diciembre, Inmaculada Concepción

25. Dezember, 1. Weihnachtstag **26. Dezember, 2. Weihnachtstag**
25 de desembre, Nadal   26 de desembre, Sant Esteve
25 de diciembre, Navidad   *26 de diciembre, San Esteban*

2. HÄUFIG BENUTZTE WORTE UND WENDUNGEN
PARAULES I FRASES FREQUENTS
PALABRAS Y FRASES FRECUENTES

2.1 **Hinweise.** Avisos. *Avisos*

Abierto	**Geöffnet**
Alquiler	**Miete**
Aparcamiento	**Parking**

Ascensor; *ascensor*	**Aufzug**
Atenció!; *¡atención!*	**Achtung!**
Avisos; *avisos*	**Hinweise**
Caixa	**Kasse**
Caja	"
Cerrado	**Geschlossen**
Compte!	**Vorsicht!**
Consigna; *consigna*	**Gepäckaufbewahrung**
Cuidado	**Vorsicht**
Damas	**Frauen, Damen**
Dones	" "
Empenyeu	**Drücken**
Empujar	"
Entrada; *entrada*	**Eingang**
Entrada lliure	**Eintritt frei**
Entrada libre	"
Entre por la otra puerta	**Eingang durch die andere Tür**
Entri per l'altra porta	" "
Escaleras mecánicas	**Rolltreppe**
Escales mecàniques	"
Es lloga	**Zu vermieten**
Estireu	**Ziehen**
Fora de servei	**Außer Betrieb**
Fuera de servicio	"
Fumadors	**Raucher**
Fumadores	"
Gratis; *gratis*	**Gratis, umsonst**
Hombres	**Männer**
Homes	"
Horari	**Fahrplan**
Horario	"
Informació	**Information**
Información	"
Lavabo; *lavabo*	**Toilette**

Libre	**Frei**
Lliure	"
Lloguer	**Miete**
Mujeres	**Frauen**
No fumadores	**Nichtraucher**
No fumadors	"
No fumar	**Rauchen verboten**
No fumeu	" "
No funciona; *no funciona*	**Außer Betrieb**
No s'admeten gossos	**Hunde verboten**
No se admiten perros	" "
Obert	**Geöffnet**
Ocupado	**Besetzt**
Ocupat	"
¡Ojo!	**Achtung !**
Pàrking	**Parkplatz**
Prohibido	**Verboten**
Prohibit	"
Prohibido el paso	**Durchgang verboten**
Prohibit el pas	" "
Reservado	**Reserviert**
Reservat	"
Salida de emergencia	**Notausgang**
Se alquila	**Zu vermieten**
Senyores	**Damen**
Señoras	"
Silenci	**Ruhe bitte**
Silencio	"
Sortida d'emergència	**Notausgang**
Tancat	**Geschlossen**
Taquilla; *taquilla*	**Schalter**
Tirar	**Ziehen**
Ull viu!	**Achtung**

2.2 Grußformeln
Fórmules de salutació
Fórmules de saludo

Zur Begrüßung. En trobar-se. *Al encontrarse*

Hallo!
Hola!
¡Hola!

Guten Tag! (bis 14h)
Bon dia!
¡Buenos días!

Guten Tag! (ab 14h)
Bona tarda!
¡Buenas tardes!

Gute Nacht!
Bona nit!
¡Buenas noches!

Willkommen! (sing.)
Benvingut! -m, benvinguda! -f
¡Bienvenido! -m, ¡bienvenida! -f

Willkommen! (pl.)
Benvinguts! -m, benvingudes! -f pl, Déu vos guard!
¡Bienvenidos! -m, ¡bienvenidas! -f pl

Zum Abschied. En separar-se. *Al separarse*

Auf Wiedersehen!
A reveure! Adéu!
¡Hasta la vista! ¡Adiós!

Bis bald!
Fins aviat!
¡Hasta luego!

Bis morgen!
Fins demà!
¡Hasta mañana!

Gute Nacht!
Bona nit!
¡Buenas noches!

Bis Freitag!
Fins divendres!
¡Hasta el viernes!

Tschüß!
Adéu!
¡Adiós!

Adieu!
Adéu-siau!
¡Adiós!

Eine schöne Zeit noch! (sing.)
Passi-ho bé!
¡Que lo pase bien!

Eine schöne Zeit noch! (pl.)
Passin-ho bé!
¡Que lo pasen bien!

Schönen Gruß an Ihren Mann
Records al seu marit
Recuerdos a su marido

2.3 **Anreden**. Tractaments. *Tratamientos*

Mein Herr!
Senyor!
¡Señor!

Meine Dame!
Senyora!
¡Senyora!

Junger Mann!
Jove!
¡Joven!

Fräulein!
Senyoreta!
¡Señorita!

Meine Herren!
Senyors!
¡Señores!

Meine Damen!
Senyores!
¡Señoras!

Meine Damen und Herren!
Senyores i senyors!
¡Señoras y señores!

Mein Freund!
Amic!
¡Amigo!

Herr Sala!
Senyor Sala!
¡Señor Sala!

Frau Sala!
Senyora Sala!
¡Señora Sala!

2.4 **Ins Gespräch kommen**
Entaulant una conversa
Entablando conversación

Wir kennen uns, nicht wahr?
Oi que ja ens coneixem?
Nosotros ya nos conocemos, ¿verdad?

Darf ich Ihnen etwas sagen?
Puc dir-li una cosa?
¿Puedo decirle algo?

Gefällt Ihnen das Programm?
Li agrada el programa?
¿Le gusta el programa?

Wissen Sie, daß...
Sap vostè que...
¿Sabe usted que...

Erlauben Sie?
Em permet?
¿Me permite?

Bitte!
Sisplau! Si us plau!
¡Por favor!

Wie geht's?
Com va això?
¿Qué tal?

Entschuldigen Sie, sind Sie von hier?
Perdoni, vostè és d'aquí?
Perdone, ¿usted es de aquí?

Entschuldigen Sie die Störung
Perdoni la molèstia
Perdone usted la molestia

Was ist passiert?
Què ha passat?
¿Qué ha pasado?

Was gibt's Neues?
Què hi ha de nou?
¿Qué hay de nuevo?

Darf ich Sie begleiten?
Puc acompanyar-lo / acompanyar-la?
¿Puedo acompañarle / acompañarla?

2.5   **Vorstellung**. Presentació. *Presentación*

Wie heißen Sie?
Com es diu vostè?
¿Cómo se llama usted?

Ich heiße Hans
Em dic Joan
Me llamo Juan

Meine Frau heißt Anna
La meva dona es diu Anna
Mi mujer se llama Ana

Der Junge hier ist unser Sohn
Aquest noi és el nostre fill
Este muchacho es nuestro hijo

Sein Name ist Peter
El seu nom és Pere
Su nombre es Pedro

Ich bin Deutscher
Sóc alemany
Soy alemán

Wir sind Deutsche
Som alemanys
Somos alemanes

Kennen Sie sich?
Vostès es coneixen?
¿Se conocen ustedes?

Ich spreche nicht gut Katalanisch / Spanisch, aber ich spreche Deutsch
No parlo bé el català / l'espanyol, però conec l'alemany
No hablo bien el catalán / español, pero hablo el alemán

Kennen Sie meine Freundin?
Coneix la meva amiga?
¿Conoce usted a mi amiga?

Wir kennen uns
Ens coneixem
Nos conocemos

Wir kennen uns nicht
No ens coneixem
No nos conocemos

Wir kennen uns nur vom Sehen
Només ens coneixem de vista
Sólo nos conocemos de vista

Darf ich Ihnen meinen Freund vorstellen
Permeti'm que li presenti el meu amic
Permítame que le presente a mi amigo

Darf ich Ihnen meine Verlobte vorstellen
Permetin-me que els presenti la meva promesa
Permítanme que les presente a mi novia

Sehr erfreut
Encantat -ada
Encantado -a

Sehr angenehm
Molt de gust
Mucho gusto

Ganz meinerseits
El gust és meu
El gusto es mío

Hier haben Sie meine Visitenkarte
Tingui, la meva targeta -de visita
Tenga, mi tarjeta -de visita

2.6 Wie bittet man um etwas oder bietet etwas an? Höflichkeitsformeln
Com demanar, oferir alguna cosa? Fórmules de cortesia
¿Cómo pedir, ofrecer algo? Fórmulas de cortesía

Bitte!
Sisplau! Si us plau! Per favor!
¡Por favor!

Ich hätte eine Bitte an Sie
Voldria demanar-li una cosa
Quisiera pedirle algo

Helfen Sie mir bitte
Ajudi'm, faci el favor
Ayúdeme, por favor

Würden Sie mir helfen?
Vol ajudar-me?
¿Quiere ayudarme?

Ich benötige eine Information
Em cal una informació
Necesito una información

Können Sie mir einen Kugelschreiber leihen?
Pot prestar-me un bolígraf?
¿Puede prestarme un bolígrafo?

Können Sie mir sagen, wie diese Straße heißt?
Pot dir-me el nom d'aquest carrer?
¿Puede decirme el nombre de esta calle?

Womit kann ich Ihnen dienen?
En què puc ajudar-lo?
¿En qué puedo ayudarle?

Ich kann Sie begleiten
Puc acompanyar-lo / acompanyar-la
Puedo acompañarle / acompañarla

Bitte sagen Sie mir, wenn Sie etwas brauchen
Si li cal res, no deixi d'avisar-me
Si necesita algo, no deje de avisarme

Darf ich rauchen?
Puc fumar?
¿Puedo fumar?

Sie sind sehr freundlich
Vostè és molt amable
Es usted muy amable

Darf ich Platz nehmen?
Em permet que segui?
¿Me permite que me siente?

Aber gern
Amb molt de gust
¡Con mucho gusto!

Machen Sie sich keine Sorgen!
No pateixi!
¡Pierda usted cuidado!

Aber bitte, wie Sie wünschen
És ben lliure de fer-ho
Es usted muy dueño -a de hacerlo

Ich stehe zu Ihrer Verfügung
Estic a la seva disposició
Estoy a su disposición

Sie können sich auf mich verlassen
Pot comptar amb mi
Puede contar conmigo

2.7 Zustimmung, Ablehnung
Acceptació, rebuig
Aceptación, rechazo

Natürlich!
No cal dir!
¡Por supuesto!

Das ist eine gute Idee!
És una bona idea!
¡Es una buena idea!

Danke
Gràcies
Gracias

Nein, danke
Gràcies, no
No, gracias

Ich fühle mich sehr geehrt
Em sento honrat -ada
Me siento honrado -a

Lassen Sie sich nicht stören
No es molesti
No se moleste

Nein
No
No

Ich will nicht
No en vull
No quiero

Ich kann nicht
No puc
No puedo

Ich habe keine Lust (dazu)
No en tinc ganes
No tengo ganas

Mit Vergnügen
Amb molt de gust
Con mucho gusto

Auf gar keinen Fall!
De cap manera!
¡De ninguna manera!

Natürlich!
Naturalment!
¡Naturalmente!

Ich habe keine Zeit
No tinc temps
No tengo tiempo

Einverstanden!
D'acord!
¡De acuerdo! ¡Vale!

Das kommt gar nicht in Frage!
Ni pensar-hi!
¡Ni hablar!

2.8   **Dank**. Agraïment. *Agradecimiento*

Danke
Gràcies, Mercès
Gracias

Vielen Dank für Ihre Hilfe
Gràcies per la seva ajuda / pel seu ajut
Gracias por su ayuda

Vielen Dank. Tausend Dank
Moltes gràcies. Moltíssimes gràcies
Muchas gracias. Muchísimas gracias

Nichts zu danken
De res. No s'ho val
No hay de qué

Ich danke Ihnen für Ihren Rat
Li agraeixo el seu consell
Le agradezco su consejo

Ich bin Ihnen sehr dankbar
Li estic molt agraït -ïda
Le estoy muy agradecido -a

Ich bin Ihnen zu Dank verpflichtet
Li estic obligat -ada
Le estoy obligado -a

2.9 **Geschmack, Vorliebe**. Grat, preferència. *Agrado, preferencia*

Was halten Sie davon?
Què li'n sembla?
¿Qué le parece?

Schmeckt / gefällt es Ihnen?
Li agrada?
¿Le gusta?

Schmecken / gefallen sie Ihnen? **Mir schmeckt Bier**
Li agraden? M'agrada la cervesa
¿Le gustan? *Me gusta la cerveza*

Ich mag Bier lieber als Wein
Prefereixo la cervesa al vi
Prefiero la cerveza al vino

Ich ziehe Fleisch vor, ich esse Fleisch lieber
Prefereixo la carn, m'estimo més la carn
Prefiero la carne

Welchen wählen Sie?	**Mir gefallen beide**
Quin tria?	M'agraden tots dos
Cuál escoge?	*Me gustan los dos*
Ich bin sehr zufrieden	**Es gefällt mir**
Estic molt content -a	M'agrada
Estoy muy contento -a	*Me gusta*
Es gefällt dir	**Es gefällt ihm**
T'agrada	Li agrada
Te gusta	*Le gusta*
Es gefällt uns	**Es gefällt euch**
Ens agrada	Us agrada
Nos gusta	*Os gusta*

Es gefällt ihnen
Els agrada
Les gusta

2.10 Entschuldigen, Bedauern. Excusa, llàstima. *Excusa, lástima*

Entschuldigung
Perdó
Perdón

Wie schade!
Quina llàstima!
¡Qué lástima!

Entschuldigen / verzeihen Sie
Perdoni'm, Disculpi'm
Perdóneme, Discúlpeme

Es tut mir sehr leid
Ho sento molt, Em sap molt de greu
Lo siento mucho

Das macht nichts
No hi fa res
No importa

Es ist nicht meine Schuld
No és culpa meva
No es mi culpa

Nehmen Sie es nicht übel
No s'ho prengui malament
No lo tome a mal

Es tut mir leid, aber ich kann es nicht machen
Ho sento, però no puc fer-ho
Lo siento, pero no puedo hacerlo

Unglücklicherweise
Desgraciadament, dissortadament
Desgraciadamente

2.11 Bejahung, Einverständnis
Afirmació, acord
Afirmación, acuerdo

Ja
Sí
Sí

Aber sicher!
No cal dir!
¡Por supuesto!

So ist es
És així
Es así

Genau
Exactament
Exacto

Und wie! Das kann man wohl sagen!
I tant! Ja ho crec que sí!
¡Desde luego! ¡Ya lo creo!

Tatsächlich
Efectivament
Efectivamente

Zweifellos
Indubtablement
Indudablemente

Natürlich
Naturalment
Naturalmente

Es ist wahr
És veritat
Es verdad

Sie haben Recht
Té raó
Tiene usted razón

Ich bin Ihrer Meinung
Estic d'acord amb vostè
Estoy de acuerdo con usted

Sehr gut
Molt bé
Está bien

Das ist eine gute Idee
És una bona idea
Es una buena idea

Ganz wie Sie wünschen
Sigui com vostè vulgui
Sea como usted quiera

Einverstanden
D'acord
De acuerdo, Vale

Es spricht nichts dagegen
No hi ha cap inconvenient
No hay ningún inconveniente

Verstanden! Na klar
Entesos! És clar
¡Entendido! Está claro

2.12 Verneinung, Meinungsverschiedenheit
Negació, desacord
Negación, desacuerdo

Nein
No
No

Ich bin dagegen
Estic en contra
Estoy en contra

Auf gar keinen Fall
De cap de les maneres
De ninguna manera

Bei weitem nicht
Ni de bon tros
Ni mucho menos

Nicht einmal im Traum!
Ni pensar-hi!
¡Ni hablar! ¡Ni pensarlo!

Ach was!
Fugi!
¡Que va!

Sie irren sich
Vostè s'equivoca
Usted se equivoca

Sie haben Unrecht
Vostè no té raó
Usted no tiene razón

Das ist eine Lüge!
És una mentida!
¡Es una mentira!

Damit bin ich nicht einverstanden
No hi estic d'acord
No estoy de acuerdo

Ich weiß es nicht
No ho sé
No lo sé

Ich habe keine Ahnung
No en tinc ni idea
Ni idea

Nichts
Res
Nada

Niemand
Ningú
Nadie

2.13 Zweifel, Hypothese, Möglichkeit
Dubte, hipòtesi, probabilitat
Duda, hipótesis, probabilidad

Das kommt darauf an
Això depèn
Depende

Sicherlich
Segurament
Seguramente

Es werden Ausländer sein
Deuen ser estrangers
Serán extranjeros

Ich vermute
Suposo
Supongo

Es ist unglaublich
És increïble
Es increíble

Ich bezweifle es
Ho dubto
Lo dudo

Es ist relativ unwahrscheinlich
És poc probable
Es poco probable

Wer weiß!
Qui ho sap!
¡Quién sabe!

Es ist möglich, es kann sein
És possible, pot ser
Es posible, puede ser

Es ist unmöglich, das kann nicht sein
És impossible, no pot ser
Es imposible, no puede ser

Wir werden schon sehen
Ja ho veurem
Ya veremos

Ich glaube es nicht
No ho crec
No lo creo

Was Sie nicht sagen!
No m'ho digui!
¡No me lo diga usted!

Vielleicht
Potser
Quizás, Tal vez

Es ist wahrscheinlich
És probable
Es probable

Wahrscheinlich
Probablement
Probablemente

Es ist unwahrscheinlich
És improbable
Es improbable

2.14 Vorhaben, Pläne. Intenció, plans. *Intención, planes*

Ich möchte in Figueres wohnen
Vull allotjar-me a Figueres
Quiero alojarme en Figueres (Figueras)

Ich habe vor, Girona zu besuchen
Tinc la intenció de visitar Girona
Tengo la intención de visitar Girona (Gerona)

Ich habe vor, am Dienstag abzureisen
Penso sortir dimarts
Pienso salir el martes

Was wollen Sie tun?
Què vol fer?
¿Qué quiere hacer?

Was haben Sie morgen vor?
Quin pla té per demà?
¿Qué plan tiene para mañana?

Ich würde gerne ein paar Einkäufe machen
Voldria sortir a comprar
Quisiera hacer unas compras

Wenn es Ihnen recht ist, könnten wir zusammen abendessen
Si li sembla, podríem sopar plegats
Si le parece, podríamos cenar juntos

Wollen	**Ich will**	**Du willst**
Voler	Vull	Vols
Querer	*Quiero*	*Quieres*

Er / sie will	**Wir wollen**
Vol	Volem
Quiere	*Queremos*

Ihr wollt	**Sie wollen**
Voleu	Volen
Queréis	*Quieren*

2.15 Pflicht, Bedarf
Obligació, necessitat
Obligación, necesidad

Ich muß Geld wechseln
He de canviar diners
Tengo que cambiar dinero

Sie müssen etwas warten
Ha d'esperar una mica
Tiene que esperar un poco

Sie müssen dieses Formular ausfüllen
Han d'omplir aquesta fitxa
Tienen que rellenar esta ficha

Wir müssen miteinander reden
Hem de parlar
Tenemos que hablar

Ich müßte eigentlich gehen
Hauria d'anar-me'n
Tendría que irme

Sie sollten nicht soviel rauchen
No hauria de fumar tant
No debería fumar tanto

Man muß vorsichtig sein
Cal anar amb compte
Hay que ir con cuidado

Man braucht keine Angst zu haben
No cal tenir por
No hay que tener miedo

Es ist nötig
Cal
Es necesario

Es ist nicht nötig
No cal
No es necesario

Ich brauche zwei Briefmarken zu fünfzig Peseten
Em calen dos segells de cinquanta pessetes
Me hacen falta dos sellos de cincuenta pesetas

Wir brauchen Benzin
Ens cal gasolina
Nos hace falta gasolina

Wir brauchen nichts
No ens falta res
No nos falta nada

Müssen
Haver de
Tener que

Ich muß
He / haig de
Tengo que

Du mußt
Has de
Tienes que

Er / sie muß
Ha de
Tiene que

Wir müssen
Hem de
Tenemos que

Ihr müßt
Heu de
Tenéis que

Sie müssen
Han de
Tienen que

2.16 Überraschung, Ausruf
Sorpresa, exclamació
Sorpresa, exclamación

Sagen Sie bloß!
Què diu, ara?
¡No me diga!

Das ist unglaublich!
És increïble!
¡Es increible!

Au!
Ai!
¡Ay!

Das ist unmöglich!
És impossible!
¡Es imposible!

Was für eine Überraschung!
Quina sorpresa!
¡Qué sorpresa!

Wie hübsch!
Que bonic!
¡Qué bonito!

Was Sie nicht sagen!
No m'ho digui!
¡No me lo diga!

Das kann doch nicht wahr sein!
Sembla mentida!
¡Parece mentira!

Donnerwetter!
Caram! Carai!
¡Caramba!

Das ist doch nicht die Möglichkeit!
No m'ho puc creure!
¡No me lo puedo creer!

Hilfe!
Socors! Auxili!
¡Socorro!

Sind Sie sicher?
Vol dir?
¿Está usted seguro -a?

Teufel noch mal!
Ostres!
¡Ostras!

2.17 Glückwünsche, Wünsche, Mitgefühl
Felicitacions, vots, compassió
Felicitaciones, votos, compasión

Herzlichen Glückwunsch!
Per molts anys!
¡Felicidades!

Ein gutes / frohes neues Jahr!
Bon any! Feliç any nou! Feliç cap d'any!
¡Feliz año nuevo!

Prost!
Salut!
¡Salud!

Auf deine / Ihre Gesundheit!
A la teva / seva salut!
¡A tu / su salud!

Glückwunsch!
Enhorabona!
¡Enhorabuena!

Guten Appetit!
Bon profit! Que aprofiti!
¡Que aproveche!

Viel Spaß! (sing.)
Que es diverteixi!
¡Que se divierta!

Viel Spaß! (pl.)
Que es diverteixin!
¡Que se diviertan!

Gute Reise!
Bon viatge!
¡Buen viaje!

Ein schönes Fest!
Bones festes!
¡Felices fiestas!

Frohe Weihnachten!
Bon Nadal! Bones festes de Nadal!
¡Felices Navidades! ¡Felices Pascuas!

Gute Besserung!
Que es posi bo aviat
Que usted mejore pronto

Mein aufrichtiges Beileid
El meu condol més sincer
Mi más sentido pésame

Wann wird die Beerdigung stattfinden?
Quan serà l'enterrament?
¿Cuándo será el entierro?

Ich wünsche Ihnen viel Glück
Li / els desitjo molta sort
Le / les deseo mucha suerte

Herzlichen Glückwunsch!
Moltes felicitats!
¡Muchas felicidades!

Gleichfalls!
Igualment!
¡Igualmente!

3. PERSÖNLICHE DATEN
DADES PERSONALS
DATOS PERSONALES

Nachname-n
Cognom-s
Apellido-s

Vorname
Nom
Nombre

Nationalität
Nacionalitat
Nacionalidad

Land, Geburtsort und -datum
País, lloc i data de naixement
País, lugar y fecha de nacimiento

Beruf
Professió
Profesión

Anschrift
Domicili
Domicilio

Paßnummer
Número de passaport
Número de pasaporte

3.1 **Vor- und Nachname-n**
Nom i cognom-s
Nombre y apellido-s

Wie heißen Sie?
Com es / se diu?
¿Cómo se llama?

Wie heißt dieser Herr?
Com es diu aquest senyor?
¿Cómo se llama este señor?

Ihren Namen bitte
El seu cognom, sisplau
Su apellido, por favor

Wie heißt du?
Com et dius?
¿Cómo te llamas?

Wie ist dein Name?
Quin és el teu nom?
¿Cuál es tu nombre?

Ich heiße Michael
Em dic Miquel
Me llamo Miguel

Ist das dein / Ihr Vor- oder Nachname?
Aquest és el seu / teu nom o el seu / teu cognom?
¿Este es su / tu nombre o su / tu apellido?

Das ist mein Taufname
Aquest és el meu nom de pila
Este es mi nombre de pila

Wie schreibt sich dein Name / wie wird er ausgesprochen?
Com s'escriu / es pronuncia el teu nom?
¿Cómo se escribe / se pronuncia tu nombre?

Wie hieß noch deine Mutter?
Com es deia la teva mare?
¿Cómo se llamaba tu madre?

Ist das ein typisch katalanischer / spanischer Name?
És un nom típicament català / castellà?
¿Es un nombre típicamente catalán / español?

3.2 **Familie**. Família. *Familia*

Ihr Familienstand?
El seu estat civil?
¿Su estado civil?

Ich bin verheiratet
Sóc casat -ada
Soy casado -a

Ohne indiskret sein zu wollen, sind Sie verheiratet?
Si no és una indiscreció, vostè és casat -ada?
Si no es una indiscreción, ¿está usted casado -a?

Nein, ich bin noch ledig
No, sóc solter -a encara
No, soy soltero -a todavía

Ich bin verlobt
Ja tinc promès -esa
Ya tengo novio -a

Ich bin seit einem Jahr verheiratet
Sóc casat -ada des de fa un any
Estoy casado -a desde hace un año

Ich werde nächstes Jahr heiraten
Em casaré l'any vinent
Me casaré el año que viene

Ich habe letztes Jahr geheiratet
Em vaig casar l'any passat
Me casé el año pasado

Ich bin geschieden	**Ich bin Witwe-r**
Sóc divorciat -ada	Sóc vidu (viudo) / vídua (viuda)
Soy divorciado -a	*Soy viudo -a*

Mein Mann / meine Frau lebt nicht mehr (Sie ist tot)
El meu marit / La meva dona ja no viu (Ha mort)
Mi marido / mujer ya no vive (Ha muerto)

Er / sie ist vor drei Jahren gestorben
Va morir fa tres anys
Murió hace tres años

Haben Sie (sing.) Kinder?	**Haben Sie (pl.) Kinder?**
Té fills?	Teniu fills?
¿Tiene hijos?	*¿Tienen hijos?*

Nein, ich / wir haben keine
No, no en tinc / tenim
No tengo / No tenemos

Ja, wir haben welche	**Ist es ein Junge oder ein Mädchen?**
Sí, que en tenim	És un nen o una nena?
Sí que tenemos	*¿Es un niño o una niña?*

Wieviele Kinder haben Sie?
Quants fills teniu?
¿Cuántos hijos tienen?

Unser erstes Kind wurde dieses Jahr geboren
El nostre primer fill ha nascut aquest any (enguany)
Nuestro primer hijo nació este año

Es ist ein Mädchen
És una nena
Es una niña

Wir haben zwei Kinder
Nosaltres tenim dos fills
Nosotros tenemos dos hijos

Ich habe zwei Töchter
Tinc dues filles
Tengo dos hijas

Ich habe auch Enkel
També tinc néts
Tengo también nietos

Leben Ihre Eltern / Großeltern noch?
Els seus pares / avis viuen encara?
¿Sus padres / abuelos viven todavía?

Ja, Gott sei Dank
Sí, gràcies a Déu
Sí, gracias a Dios

Mein Vater ist tot, aber meine Mutter lebt noch
El meu pare ja no és viu, però la meva mare, sí
Mi padre ya no vive, pero mi madre, sí

Haben Sie Geschwister?
Té germans?
¿Tiene hermanos?

Nein, ich habe keine
No en tinc
No tengo

Ich habe viele Verwandte
Tinc molts parents
Tengo muchos parientes

Ich habe zwei Brüder / Schwestern
Tinc dos germans / Tinc dues germanes
Tengo dos hermanos / hermanas

Wir sind eine große Familie
Sóm una família nombrosa
Somos una familia numerosa

3.3 Das Alter. L'edat. *La edad*

Wie alt bist Du / sind Sie?
Quants anys tens / té?
¿Cuántos años tienes / tiene?

Ich bin dreißig Jahre alt
Tinc trenta anys
Tengo trenta años

Er / sie ist 40 Jahre alt
Té 40 anys d'edat
Tiene 40 años de edad

Und wie alt ist dein Bruder?
I quants anys té el teu germà?
¿Y cuántos años tiene tu hermano?

Er ist noch keine 20
Encara no ha fet els 20 anys
Todavía no ha cumplido 20 años

Wie alt sind Sie?
Quina edat té?
¿Qué edad tiene?

Ich bin gerade siebzig geworden
Acabo de complir els setanta
Acabo de cumplir los setenta

Nicht möglich! Sie sehen viel jünger aus
No pot ser! Sembla molt més jove
¡No puede ser! Parece mucho más joven

Wie alt ist Ihr Enkel / Ihre Enkelin?
Quina edat té el seu nét / la seva néta?
¿Qué edad tiene su nieto / nieta?

Er / sie ist heute acht geworden
Avui ha complert vuit anys
Hoy ha cumplido ocho años

Er / sie ist noch ein Kind
És un nen / una nena encara
Es un niño / una niña todavía

Mein Freund hat auch heute Geburtstag. (Er feiert heute seinen Geburtstag)
El meu amic també fa avui anys. (Avui celebra el seu aniversari del naixement)
Mi amigo también cumple hoy años. (Hoy celebra su cumpleaños)

Meine Eltern sind schon älter
Els meus pares ja són grans
Mis padres tienen ya una cierta edad

Sie sind alt
Són vells
Son viejos

3.4 Schulbildung. Studium
Nivell d'instrucció. Estudis
Nivel de instrucción. Estudios

Grundschule,
Estudis -elementals,
Estudios -elementales,

Mittel-, **Ober-,**
mitjans, superiors,
medios, *superiores,*

Universitätsstudium
universitaris
universitarios

Mein Enkel geht in den Kindergarten
El meu nét va al parvulari
Mi nieto va al parvulario

Meine Tochter arbeitet
La meva filla ja treballa
Mi hija ya trabaja

Mein Sohn studiert noch
El meu fill encara estudi
Mi hijo todavía está estudiando

Er geht zur Universität **In welchen Studienjahr ist er?**
Va a la universitat En quin any / curs està?
Va a la universidad *¿En qué año / curso está?*

Er ist im ersten / zweiten / dritten Studienjahr
Està en el primer / segon / tercer any / curs
Está en el primer / segundo / tercer año / curso

Mein Sohn ist jünger
El meu fill és més jove
Mi hijo es más joven

Er geht ins Gymnasium
Va a l'institut
Va al instituto

Er geht in die Grundschule
Va a l'escola primària
Va a la escuela primaria

In welcher Klasse ist er?
A quina classe va?
¿A qué clase va?

Er geht in die erste / zweite Klasse
Està en la primera / segona classe
Está en la primera / segunda clase

Er besucht eine Berufsschule
Va a una escola professional
Va a una escuela profesional

Meine Tochter macht dieses Jahr das Abitur
La meva filla aquest any fa el batxillerat
Mi hija este año hace el bachillerato

Sie lernt viel / gut
Estudia molt / bé
Estudia mucho / bien

Mein Sohn würde gerne Arzt werden
El meu fill voldria ser metge
Mi hijo quisiera ser médico

Er würde gerne zur Universität gehen
Voldria anar a la universitat
Quisiera ir a la universidad

Seine Freundin hat sich in Jura immatrikuliert
La seva amiga es va matricular a la Facultat de Dret
Su amiga se matriculó en la Facultad de Derecho

Mein Freund studiert Philologie / spanische Literatur
El meu amic estudia filologia / llicenciatura espanyola
Mi amigo estudia filología / licenciatura española

Er hat gerade Prüfungen
Ara té exàmens
Ahora tiene exámenes

Er hat alle Prüfungen bestanden
Va fer tots els exàmens amb èxit
Hizo / Pasó todos los exámenes con éxito

Ihm fehlen noch ein paar Prüfungen
Li manquen encara uns exàmens
Le faltan todavía unos exámenes

Er muß eine seiner Prüfungen wiederholen
Ha de repetir un dels exàmens
Tiene que repetir uno de los exámenes

Er wird dieses Jahr fertig / graduiert
Acaba / Es gradua aquest any
Acaba / Se gradua este año

Er schreibt seine Diplomarbeit
Està escrivint la tesina
Está escribiendo la tesina

Er schreibt seine Doktorarbeit
Escriu una tesi doctoral
Escribe una tesi doctoral

Er hat noch keine Arbeit
Encara no té feina
Todavía no tiene trabajo

Er ist Diplomingenieur
És enginyer diplomat
Es ingeniero diplomado

3.5 **Beruf. Arbeit**
Professió. Treball
Profesión. Trabajo

Wo arbeiten Sie?
On treballa vostè?
¿Dónde trabaja usted?

Ich arbeite in einer Firma / einem Geschäft / an einer Schule
Treballo en una fàbrica / botiga / escola
Trabajo en una fábrica / tienda / escuela

Ich arbeite zu Hause
Treballo a casa
Trabajo en casa

Ich bin Hausfrau
Sóc mestressa de casa
Mis labores

Ich arbeite nicht mehr, ich bin Rentner -in / pensioniert
Ja no treballo, sóc jubilat -ada / pensionat -ada
Ya no trabajo, soy jubilado -a / pensionado -a

Ich studiere noch
Encara estudio
Estoy estudiando todavía

Ich habe keine Arbeit
No tinc feina
No tengo trabajo

Ich bin arbeitslos
Sóc parat -ada. Estic en atur
Soy parado -a

Welchen Beruf haben Sie?
Quina és la seva professió?
¿Cuál es su profesión?

Was machen Sie beruflich?
A què es dedica?
¿A qué se dedica?

Ich bin eigentlich Lehrer, arbeite aber als Journalist
Sóc professor, però em dedico al periodisme
Soy profesor, pero me dedico al periodismo

Wir sind Kollegen
Som col·legues
Somos colegas

Mein Mann arbeitet zuviel
El meu marit treballa massa
Mi marido trabaja demasiado

Er arbeitet seit seinem achtzehnten Lebensjahr
Treballa des de l'edat de divuit anys
Trabaja desde la edad de dieciocho años

Sind Sie mit Ihrer Arbeit zufrieden?
Està content del seu treball?
¿Está contento de su trabajo?

Verdienen Sie gut?
Guanya molt?
¿Gana mucho?

Werden Sie gut bezahlt?
Li paguen bé?
¿Le pagan bien?

Wieviel verdient man hier durchschnittlich?
Quin és el seu salari mitjà aquí?
¿Cuál es el salario medio aquí?

Wieviel verdient ein Gymnasiallehrer?
Quant guanya / cobra un professor d'institut?
¿Cuánto gana / cobra un profesor de instituto?

Wieviele Tage Urlaub hat er / haben Sie?
Quants dies de vacances té?
¿Cuántos días de vacaciones tiene?

Einen Monat
Un mes
Un mes

Samstags haben wir frei
Els dissabtes fem festa
Los sábados hacemos fiesta

3.6   **Ortsnamen.** Noms geogràfics. *Nombres geográficos*

Ich bin Ausländer -in
Sóc estranger -a
Soy extranjero -a

Entschuldigung, sind Sie von hier?
Perdoni, vostè és d'aquí?
Perdone, ¿usted es de aquí?

Woher kommen Sie?
D'on és / són?
¿De dónde es / son?

Wir sind aus Paris
Som de París
Somos de París

Aus welchem Land / welcher Stadt kommen Sie?
Vostè, de quin país / quina ciutat és?
¿Usted de qué país / ciudad es?

Diese jungen Leute sind keine Europäer
Aquests joves no són europeus
Estos jóvenes no son europeos

Ich bin Katalan-e, -in
Sóc català -ana
Soy catalán -ana

Was ist die Hauptstadt von Deutschland?
Quina és la capital d'Alemanya?
¿Cuál es la capital de Alemania?

Die Hauptstadt von Deutschland ist Berlin
La capital d'Alemanya és Berlín
La capital de Alemania es Berlín

In welcher Stadt sind Sie geboren?
Com es diu la seva ciutat -natal?
¿Cómo se llama su ciudad -natal?

Welche Nationalität hast du? **Ich bin Deutscher / Deutsche**
Quina és la teva nacionalitat? Sóc alemany / alemanya
¿Cuál es tu nacionalidad? *Soy alemán / alemana*

Aus welchem Teil Spaniens kommen Sie?
De quina regió / comarca d'Espanya és vostè?
¿De qué región / comarca de España es usted?

Ich komme ursprünglich aus Mallorca
Sóc natural de Mallorca
Soy natural de Mallorca

Wo lebst du?
On vius?
¿Dónde vives?

Jetzt lebe ich in Barcelona **Ich gebe dir / Ihnen meine Adresse**
Ara visc a Barcelona Et / li dono la meva adreça
Ahora vivo en Barcelona *Te / le doy mi dirección*

4. SPRACHKENNTNISSE
CONEIXEMENT DE LLENGÜES
CONOCIMIENTO DE LENGUAS

Entschuldigen Sie, ich bin fremd hier und ich spreche kein Katalanisch / Spanisch
Perdoni, sóc estranger i no parlo català / castellà
Perdone, soy extranjero y no hablo catalán / castellano -español

Sprechen Sie Englisch, Französisch oder Deutsch?
Parla anglès, francès o alemany?
¿Habla usted inglés, francés o alemán?

Ich spreche ganz gut Italienisch
Parlo bastant / prou bé l'italià
Hablo bastante bien el italiano

Ich spreche ein wenig Französisch
Parlo una mica el francès
Hablo un poco francés

Können Sie diese Sprache auch lesen / schreiben?
I llegeix / escriu també en aquesta llengua?
¿Y lee / escribe también en esta lengua?

Die katalanische Aussprache ist nicht leicht
La pronúncia catalana no és fàcil
La pronunciación catalana no es fácil

Spanisch ist keine schwere Sprache
El castellà no és una llengua difícil
El español no es una lengua difícil

Verstehen Sie mich? Verstehst du mich?
Vostè em comprèn? M'entens?
¿Me entiende usted? ¿Me entiendes?

Ich verstehe Sie	**Ich verstehe dich nicht**
El / La comprenc	No et comprenc
Le / La entiendo	*No te entiendo*

Ich verstehe Sie nicht, was haben Sie gesagt?
No l'entenc, què diu?
No entiendo, ¿qué dice?

Was hast du gesagt? Was? Wie?
Què dius? Què? Com?
¿Qué dices? ¿Qué? ¿Cómo?

Sprechen Sie bitte etwas langsamer
Parli una mica més a poc a poc, sisplau
Hable un poco más despacio, por favor

Die Katalanen sprechen sehr schnell
Els catalans parlen molt ràpidament
Los catalanes hablan muy rápido

Bitte wiederholen Sie das	**Könntest du das wiederholen?**
Repeteixi-ho, sisplau	Podries repetir-ho?
Repítalo, por favor	*¿Podrías repetirlo?*

Was bedeutet dieses Wort / dieser Satz?
Què significa aquesta paraula / frase?
¿Qué significa esta palabra / frase?

Was soll das heißen?
Què vol dir això?
¿Qué quiere decir esto?

Wie heißt diese Frucht?
Com es diu aquesta fruita?
¿Cómo se llama esta fruta?

Wie sagt man «Guten Tag» auf Katalanisch?
Com es diu «Buenos días» en català?
¿Cómo se dice «Buenos días» en catalán?

Was heißt das auf Spanisch?
Com es diu això en castellà?
¿Cómo se llama esto en español?

Wie spricht man dieses Wort aus?
Com es pronuncia aquesta paraula?
¿Cómo se pronuncia esta palabra?

Sage ich das richtig?
Ho dic bé?
¿Lo digo bien?

Übersetzen Sie mir diesen Satz ins Englische
Tradueixi'm a l'anglès aquesta frase
Tradúzcame al inglés esta frase

Buchstabieren Sie bitte
Lletra a lletra / Lletregi-la, sisplau
Deletréela, por favor

Schreiben Sie ihn/es mir bitte auf
Escrigui-me-la
Escríbamela

Wo haben Sie Deutsch gelernt?
On va aprendre l'alemany?
¿Dónde aprendió el alemán?

An der Universität
A la universitat
En la universidad

In einem Kurs
En un curs
En un curso

Wie lange lernen Sie schon Katalanisch?
Des de quan estudia català?
¿Desde cuándo estudia catalán?

Ich lerne es schon seit drei Jahren
Ja porto més de tres anys estudiant-lo
Llevo ya más de tres años estudiándolo

5. **DAS KLIMA**. EL CLIMA. *EL CLIMA*

Wie ist das Wetter?
Quin temps fa?
¿Qué tiempo hace

Es ist schönes Wetter
Fa bon temps, Fa bo
Hace buen tiempo

Es ist schlechtes Wetter
Fa mal temps
Hace mal tiempo

Es ist sehr heiß
Fa molta calor
Hace mucho calor

Mir ist heiß
Tinc calor
Tengo calor

Es ist sehr kalt
Fa molt fred
Hace mucho frío

Mir ist kalt
Tinc fred
Tengo frío

Es ist kühl
Fa fresca
Hace fresco

Es ist sehr windig
Fa molt vent
Hace mucho viento

Die Sonne scheint
Fa sol
Hace sol

Es regnet
Plou
Llueve

Es ist sehr feucht
Hi ha molta humitat
Hay mucha humedad

Es ist schwül
Fa xafogor
Hace bochorno

Morgen wird es regnen / schneien
Demà plourà / nevarà
Mañana lloverá / nevará

Ein Gewitter liegt in der Luft
Amenaça tempesta
Amenaza tormenta

Wieviel Grad sind es?
Quants graus hi ha?
¿A cuántos grados estamos?

Es sind vier Grad über / unter Null.
Tenim quatre graus sobre / sota zero. Hi ha quatre graus positius / negatius
Tenemos cuatro grados sobre / bajo cero. Tenemos cuatro grados positivos / negativos

Es friert
Glaça
Hiela

Die Temperaturen steigen / fallen
Les temperatures pugen / baixen
Las temperaturas suben / bajan

6. **REISE**. VIATGE. *VIAJE*

6.1 **An der Grenze**. A la frontera. *En la frontera*

Wann kommen wir an die Grenze?
Quan arribarem a la frontera?
¿Cuándo llegaremos a la frontera?

Wir sind an der spanischen Grenze
Som a la frontera espanyola
Estamos en la frontera española

Füllen Sie dieses Formular aus	**Paßkontrolle**
Ompli aquesta fitxa	Control de passaports
Rellene esta ficha	*Control de pasaportes*

Ihren Paß bitte
El seu passaport, sisplau
Su pasaporte, por favor

Haben Sie ein Visum?
Té visat?
¿Tiene visado?

Wir brauchen kein Visum
No ens cal visat
No necesitamos visado

Kann ich meine Botschaft anrufen?
Puc telefonar a la meva ambaixada?
¿Puedo telefonear a mi embajada?

Zollkontrolle
Control de duana
Control de aduana

Haben Sie etwas zu verzollen?
Té res per a declarar?
¿Tiene algo que declarar?

Ich habe nichts zu verzollen   **Welches ist Ihr Gepäck?**
No tinc res per a declarar   Quin és el seu equipatge?
No tengo nada que declarar   *¿Cuál es su equipaje?*

Gehört das Ihnen?   **Öffnen Sie diesen Koffer / diese Tasche**
Això és de vostè?   Obri aquesta maleta / bossa
¿Esto es de usted?   *Abra esta maleta / bolsa*

Lassen Sie mich Ihre Handtasche sehen
Deixi'm veure la seva bossa de mà
Déjeme ver su bolso de mano

Es ist gut. Sie können sie wieder schließen
Està bé. Ja pot tancar-la
Está bien. Ya puede cerrarla

6.2 - 6.6   **Autoreise.**
Viatge amb automòbil.
Viaje en automóvil.

6.2   **Orientierung. Auskünfte erfragen**
Orientació. Demanant informació
Orientación. Pidiendo información

Bin ich hier richtig nach Lleida?
Vaig bé per anar a Lleida?
¿Voy bien para Lleida? (Lérida)

Wohin führt diese Straße?
On porta aquesta carretera?
¿A dónde lleva esta carretera?

Wie komme ich nach Girona?
Com arribo a Girona?
¿Cómo llego a Girona? (Gerona)

Wo sind wir hier?
On som?
¿Dónde estamos?

Wo muß ich abbiegen?
On he de girar?
¿Dónde tengo que girar?

Können Sie mir das auf der Karte zeigen?
Pot indicar-m'ho en el mapa?
¿Puede indicármelo en el mapa?

Wo finde ich eine Autowerkstatt?
On trobo un (auto) taller?
¿Dónde puedo encontrar un taller de reparación de automóviles?

Wie weit ist es bis zur nächsten Tankstelle?
A quina distància és la pròxima gasolinera?
¿A qué distancia está la próxima gasolinera?

Ist es weit bis zur nächsten Tankstelle?
És lluny la pròxima estació de servei?
¿Está lejos la próxima estación de servicio?

Wo?
On?
¿Dónde?

Richtung Süden
Al sud
Al sur

Vorwärts
Endavant
Adelante

Oben
Amunt
Arriba

In zwei Kilometern
A dos quilòmetres d'aquí
A dos kilómetros de aquí

Richtung Osten
A l'est
Al este

Unten
Avall
Abajo

Im Norden
Al nord
Al norte

Im Osten
A l'est
Al este

Auf der anderen Seite
A l'altra banda
Al otro lado

Nach dort
Cap allí
Hacia allí

Geradeaus
Tot recte
Todo derecho

Richtung Norden
Al nord
Al norte

Zurück
Endarrere
Atrás

Gleich hier
Aquí mateix
Aquí mismo

Nah
Prop
Cerca

Weit
Lluny
Lejos

Im Süden
Al sud
Al sur

Im Westen
A l'oest
Al oeste

Wir sind hier
Som aquí
Estamos aquí

Folgen Sie zwanzig Kilometer dieser Straße
Segueixi per aquesta carretera vint quilòmetres
Continúe por esta carretera veinte kilómetros

Biegen Sie nach rechts / links ab
Tombi a la dreta / a l'esquerra
Tuerza a la derecha / izquierda

Am ersten Abzweig
A la primera bifurcació
En la primera bifurcación

An der ersten / zweiten Ecke
A la primera / segona cantonada
En la primera / segunda esquina

Diese Straße führt nach Tarragona
Aquesta carretera porta a Tarragona
Esta carretera lleva a Tarragona

Das Meer ist zehn Kilometer von hier entfernt
El mar és a deu quilòmetres d'aquí
El mar está a diez kilómetros de aquí

Ich zeige es Ihnen auf der Karte
Li ho indico en el mapa
Se lo enseño en el mapa

6.3 **An der Tankstelle**
A la gasolinera
En la gasolinera

Volltanken bitte
Ple, sisplau
Lleno, por favor

Zwanzig Liter Normalbenzin bitte
Vint litres de gasolina normal, sisplau
Veinte litros de gasolina normal, por favor

Für zweitausend Peseten Super bitte
Posi'm súper per dues mil pessetes
Póngame súper por dos mil pesetas

Ich möchte dreißig Liter Diesel
Vull trenta litres de gas-oil
Quiero treinta litros de gasóleo

Wieviel Oktan hat das Super- / Normalbenzin
De quants octans és la súper / normal?
¿De cuántos octanos es la súper / normal?

Haben Sie bleifreies Benzin?
Tenen gasolina sense plom?
¿Tienen gasolina sin plomo?

Würden Sie bitte den Ölstand überprüfen
Faci el favor de comprovar el nivell de l'oli
Por favor, compruebe el nivel del aceite

Ich brauche einen Ölwechsel
Em cal canviar l'oli
Me hace falta cambio de aceite

Könnten Sie die Reifen nachschauen?
Vol revisar els pneumàtics?
¿Quiere revisar los neumáticos?

Können Sie das reparieren?
Pot reparar-lo?
¿Puede repararlo?

Wo finde ich eine Werkstatt?
On trobo un taller de reparacions?
¿Dónde puedo encontrar un taller de reparaciones?

Können Sie die Pannenhilfe benachrichtigen?
Pot avisar el servei d'assistència?
¿Puede avisar el servicio de asistencia?

6.4 **Kfz-Reparatur. Wartung**
Reparació d'automòbils. Manteniment
Reparación de automóviles Mantenimiento

Stellen Sie ... ein	**die Zündung,**	**die Spur,**
Posi al punt	l'encesa,	les rodes,
Ponga a punto	*el encendido,*	*las ruedas,*
	die Scheinwerfer	
	l'enllumenament	
	el alumbrado	
Wechseln Sie	**die Zündkerzen,**	
Canviï	les bugies,	
Cambie	*las bujías,*	

den linken vorderen Reifen
la roda esquerra del davant
la rueda delantera izquierda

Der rechte hintere Reifen ist platt
La roda dreta del darrere està rebentada
La rueda trasera derecha está pinchada

Überprüfen Sie
Revisi
Revise

den Reifendruck,
la pressió dels pneumàtics,
la presión de los neumáticos,

den Ölstand
el nivell de l'oli
el nivel del aceite

Ich habe eine Panne
El meu cotxe està avariat
Mi coche está averiado

Die Batterie ist leer
La bateria està exhaurida
La batería está agotada

Wie lange dauert die Reparatur?
Quant trigarà a reparar-lo?
¿Cuánto tardará en repararlo?

Der Motor
El motor
El motor

setzt aus,
falla,
falla,

klopft,
pica,
pica / golpea,

säuft ab,
es cala,
se cala,

zieht nicht,
no tira,
no tira,

springt nicht an,
no s'engega,
no arranca,

bockt,
sotragueja, fa sotragades,
da sacudidas,

wird zu heiß,
s'escalfa massa,
se calienta demasiado,

ist zu laut
fa massa soroll
hace demasiado ruido

Außer Betrieb
No funciona
No funciona

Der zweite Gang läßt sich nicht einlegen
La segona marxa no entra
La segunda marcha no entra

6.5 Autovermietung
Lloguer de cotxes
Alquiler de coches

Haben Sie Autos zu vermieten?
Lloguen cotxes, vostès?
¿Alquilan ustedes coches?

Ich möchte eine Woche lang einen viertürigen Wagen für vier Personen mieten
Vull llogar per una setmana un cotxe de quatre portes i quatre places
Quiero alquilar por una semana un coche de cuatro puertas y cuatro plazas

Wie hoch ist die Miete pro Tag?
Quant és el lloguer per dia?
¿Cuánto es el alquiler por día?

Muß man zusätzlich Kilometergeld zahlen?
Cal pagar també el quilometratge?
¿Hay que pagar también el kilometraje?

Wer zahlt das Benzin?
A càrrec de qui va la gasolina?
¿A cargo de quién va la gasolina?

Ist die Versicherung im Preis inbegriffen?
El preu inclou també l'assegurança?
¿El precio incluye también el seguro?

Wo kann ich den Wagen abholen?
On puc recollir el cotxe?
¿Dónde puedo recoger el coche?

Wo muß ich den Wagen abgeben?
On he de tornar el cotxe?
¿Dónde tengo que entregar el coche?

6.6 Verkehrsunfall
Accident de circulació
Accidente de tráfico

Es gab einen Unfall Hi ha hagut un accident *Ha habido un accidente*	**Es gibt Schwerverletzte** Hi ha ferits greus *Hay heridos graves*

Es gibt nur Leichtverletzte
Només hi ha ferits lleus
Sólo hay heridos leves

Es gibt nur Materialschaden
Només hi ha danys materials
Sólo hay daños materiales

Benachrichtigen Sie
Avisi
Avise a

den Krankenwagen, l'ambulància, *la ambulancia,*	**die Polizei,** la policia, *la policía,*
die Feuerwehr, els bombers, *los bomberos,*	**den Abschleppdienst** la grua *la grúa*

Rufen Sie einen Arzt
Cridi un metge
Llame a un médico

Es ist nichts (Schlimmes) passiert
No ha passat res (de greu)
No ha pasado nada (grave)

Ist Ihr Auto versichert?
Té assegurat el seu cotxe?
¿Tiene asegurado su coche?

6.7 - 6.9 **Bahnreise**
Viatge amb tren
Viaje en tren

6.7 **Am Bahnhof / RENFE (span. Eisenbahngesellschaft)**
A l'estació de ferrocarrils / RENFE
En la estación de ferrocarriles / RENFE

Wie komme ich zum Bahnhof?
Com puc arribar a l'estació?
¿Cómo puedo llegar a la estación?

Wo ist
On és
¿Dónde está

    die Kantine?   **das Restaurant?**
    la cantina?   el restaurant?
    la cantina?   *el restaurante?*

    der Schalter?   **Bahnsteig drei?**
    la taquilla?   l'andana tres?
    la taquilla?   *el andén tres?*

    Gleis zwei?   **die Gepäckaufbewahrung?**
    la via dos?   la consigna?
    la vía dos?   *la consigna?*

    der Zug nach Valencia?
    el tren per a València?
    el tren para Valencia?

Wo finde ich
On són
¿Dónde está / están

      die Information?
      la informació?
      la información?

      den Wartesaal? die Toiletten?
      la sala d'espera? els lavabos?
      la sala de espera? el lavabo? los aseos?

Wann fährt ein Schnellzug nach Girona?
Quan hi ha tren ràpid per a Girona?
¿Cuándo hay tren rápido para Girona? (Gerona)

Wann fährt der letzte Zug nach Barcelona ab?
Quan surt l'últim tren cap a Barcelona?
¿Cuándo sale el último tren para Barcelona?

Wann kommt der Schnellzug aus Madrid an?
Quan arriba el ràpid de Madrid?
¿Cuándo llega el rápido de Madrid?

Führt der Expreß nach Paris Schlafwagen?
Porta vagó-llit l'exprés de París?
¿Lleva coche cama el expreso de París?

Wieviel kostet die Fahrkarte für den Liegewagen?
Quant val el bitllet de llitera?
¿Cuánto cuesta el billete de litera?

Ist der Zug um acht Uhr zehn zuschlagspflichtig?
Cal pagar suplement per al tren de les vuit i deu?
¿Hay que pagar suplemento para el tren de las ocho y diez?

Hat dieser Zug Anschluß nach Madrid?
Té enllaç aquest tren per a Madrid?
¿Tiene enlace este tren para Madrid?

Wo muß man umsteigen?
On cal fer transbord?
¿Dónde hay que hacer transbordo?

Fährt der Zug nach Valencia hier ab?
Surt d'aquí el tren de València?
¿Sale de aquí el tren de Valencia?

An welchem Gleis kommt der Schnellzug aus Girona an?
A quina via arriba el ràpid de Girona?
¿A qué vía llega el rápido de Girona (Gerona)?

Hat der Expreß aus Paris Verspätung?
Porta retard l'exprés de París?
¿Trae retraso el expreso de París?

6.8 Schilder. Lautsprecherdurchsagen
Rètols. Informacions per altaveu
Rótulos. Informaciones por el altavoz

Ankunftszeiten	**Abfahrtszeiten**
Arribades	Sortides
Llegadas	*Salidas*

Zugang zu den Gleisen
Accés vies
Acceso vías

An Gleis zwei fährt ein: Schnellzug Madrid - Port Bou
Pròxima circulació per via dos ràpid procedent de Madrid que va a Port Bou
Próxima circulación por vía dos rápido procedente de Madrid que va a Port Bou

An Gleis drei fährt ein: Nahverkehrszug nach Mataró
Entrarà per via tres rodalies que va a Mataró
Por vía tres va a efectuar su entrada cercanías con destino a Mataró

An Gleis drei steht: Expreß aus Valencia
Aturat en via cinc exprés procedent de València
Estacionado en vía cinco expreso procedente de Valencia

Der Zug fährt gleich ab	**Er ist durchgehend bis Sitges**
Aviat sortirà	És directe a Sitges
Saldrá en breve	*Es directo a Sitges*

Er hält nicht in Figueres
No s'atura a Figueres
No para en Figueres

6.9 Beim Fahrkartenkauf
Comprant bitllets
Comprando billetes

Eine Fahrkarte nach Tarragona, bitte
Doni'm, sisplau, un bitllet per a Tarragona
Déme, por favor, un billete para Tarragona

Fahrkarte	**Gruppenfahrschein**
Bitllet	Bitllet col·lectiu
Billete	*Billete colectivo*

Ein Gruppenfahrschein für acht Personen
Bitllet col·lectiu per a vuit persones
Billete colectivo para ocho personas

Fahrschein erster Klasse	**Ein Fahrschein zum halben Preis**
Bitllet de primera (classe)	Mig bitllet
Billete de primera (clase)	*Medio billete*
Kinderfahrschein	**Schlafwagenkarte**
Bitllet d'infant	Bitllet de vagó-llit
Billete de niño	*Billete de coche cama*
Verbilligter Fahrschein	**Liegewagenkarte**
Bitllet de tarifa reduïda	Bitllet de llitera
Billete de tarifa reducida	*Billete de litera*
Fahrschein zweiter Klasse	**Einfache Fahrkarte**
Bitllet de segona (classe)	Bitllet d'anar
Billete de segunda (clase)	*Billete de ida*
Hin- und Rückfahrkarte	**Bahnsteigkarte**
Bitllet d'anar i tornar	Bitllet d'andana
Billete de ida y vuelta	*Billete de andén*
Platzreservierung	**Verbilligung**
Reserva de seient	Reducció
Reserva de asiento	*Reducción*

Zuschlag
Suplement
Suplemento

6.10   **Flugreise.** Viatge amb avió. *Viaje en avión*

Wo möchten Sie sitzen? Am Fenster, am Gang oder in der Mitte?
On vol seure? Al costat de la finestreta, al costat del passadís o al centre?
¿Dónde quiere sentarse? ¿Al lado de la ventanilla, al lado del pasillo o en el centro?

Kein Durchgang mit Herzschrittmacher
No passeu amb marcapàs
No pasar con marcapasos

Flug AIR FRANCE, Nummer..., nach Paris, bitte zum Flugsteig vier
Vol AIR FRANCE, número..., amb destinació a París, porta d'embarcament quatre
Vuelo AIR FRANCE, número..., con destino a París, puerta de embarque cuatro

Bitte nicht rauchen
No fumin, sisplau
Absténganse de fumar

Stellen Sie die Rückenlehnen Ihrer Sitze senkrecht
Mantinguin en posició vertical el respatller dels seients
Mantengan en posición vertical el respaldo de sus asientos

Bitte anschnallen / Sicherheitsgurte anlegen
Cordin-se els cinturons de seguretat
Abróchense los cinturones de seguridad

6.11   **Schiffsreise**. Viatge amb vaixell. *Viaje en barco*

Bevor wir Valencia anlaufen, machen wir Station in Ibiza
Abans d'arribar a València, fem escala a Eivissa
Antes de llegar a Valencia, hacemos escala en Eivissa (Ibiza)

Mir ist übel. Wo kann ich ein Mittel gegen Seekrankheit bekommen?
Em marejo. On puc aconseguir algun remei per al mareig?
Me mareo. ¿Dónde puedo conseguir algún remedio para el mareo?

Ist ein Arzt an Bord? Wo finde ich ihn?
Hi ha metge de bord? On el trobo?
¿Hay médico de a bordo? ¿Dónde lo encuentro?

6.12 **Im Reisebüro**
A l'agència de viatges
En la agencia de viajes

Haben Sie eine Informationsbroschüre über Ihre Angebote?
Puc rebre un prospecte / fulletó sobre els seus serveis?
¿Puedo recibir un folleto sobre sus servicios?

Verkaufen Sie
Venen bitllets
¿Venden billetes de

Busfahrkarten	**Flugtickets**
d'autocar	d'avió
autocar	*avión*

Bahnfahrkarten?
de tren?
tren?

Machen Sie Hotelreservierungen?
S'encarreguen de la reserva d'habitacions?
¿Se encargan de la reserva de habitaciones?

Organisieren Sie Ausflugsfahrten?
Organitzen excursions?
¿Organizan excursiones?

Haben Sie einen Mietwagenservice?
Tenen servei de lloguer de cotxes?
¿Tienen servicio de alquiler de coches?

Wo kann ich mich für einen Ausflug nach Andorra anmelden?
On puc inscriure'm per a una excursió a Andorra?
¿Dónde puedo inscribirme para una excursión a Andorra?

Organisieren Sie Fahrten nach Mallorca?
Organitzen excursions a Mallorca?
¿Organizan excursiones a Mallorca?

Wie teuer ist die Andalusienrundfahrt?
Quin és el preu del circuit d'Andalusia?
¿Cuál es el precio del circuito de Andalucía?

Wann ist der Nebensaisontarif gültig?
En quines dates és vàlida la tarifa de temporada baixa?
¿En qué fechas es válida la tarifa de temporada baja?

Wann ist die Hochsaison zu Ende?
Quan acaba la temporada alta?
¿Cuándo acaba la temporada alta?

Wo fährt der Bus ab?
D'on surt l'autocar?
¿De dónde sale el autocar?

Wann und wo kommt der Bus am letzten Tag an?
Quan i on arriba l'autocar l'últim dia?
¿Cuándo y dónde llega el autocar el último día?

7. UNTERKUNFT
ALLOTJAMENT
ALOJAMIENTO

7.1 Auf der Suche nach Unterkunft
Buscant allotjament
Buscando alojamiento

Gibt es hier in der Nähe ein (Zwei-Sterne-) Hotel?
Hi ha prop d'aquí un hotel (de dues estrelles)?
¿Hay aquí cerca un hotel (de dos estrellas)?

Könnten Sie mir eine nicht zu teure Pension empfehlen?
Podria recomanar-me un bon hostal que no sigui molt car?
¿Podría recomendarme un buen hostal que no sea muy caro?

Ich würde gerne ein Privatzimmer mieten
Voldria llogar una habitació en una casa particular
Quisiera alquilar una habitación en una casa particular

Ich suche ein Hotel mit Garage
Busco un hotel que tingui garatge
Busco un hotel que tenga garaje

Ich würde gerne in Strandnähe wohnen
Voldria allotjar-me prop de la platja
Quisiera alojarme cerca de la playa

Könnten Sie mir ein Hotel im Stadtzentrum nennen?
Tingui la bondat d'indicar-me un hotel cèntric
¿Podría indicarme un hotel céntrico?

7.2 - 7.4 Das Hotel. L'hotel. *El hotel*

7.2 Ankunft. Arribada. *Llegada*

Ich habe hier ein Zimmer reserviert. Mein Name ist...
Tinc aquí una habitació reservada. El meu nom és...
Tengo aquí una habitación reservada. Mi nombre es...

Haben Sie Zimmer frei?
Tenen habitacions lliures?
¿Tienen habitaciones libres?

Ich möchte ein Einzel- / Doppelzimmer
Vull una habitació individual / doble
Necesito una habitación sencilla / doble

        mit Bad,   **ohne Bad,**
        amb bany,   sense bany,
        con baño,   *sin baño,*

        mit fließend kaltem und warmem Wasser,
        amb aigua freda i calenta,
        con agua fría y caliente,

mit Toilette,
amb lavabo,
con lavabo,

mit einem zusätzlichen Bett,
amb un llit supletori,
con una cama supletoria,

mit WC,   **mit Dusche,**
amb wàter,   amb dutxa,
con water,   *con ducha,*

für eine Nacht,   **für zwei Tage,**
per a una nit,   per a dos dies,
para una noche,   *para dos días,*

für eine Woche,   **für zwei Wochen**
per a una setmana,   per a dues setmanes
para una semana,   *para dos semanas*

Ich hätte gerne Blick aufs Meer / auf die Berge
Voldria vista al mar / a les muntanyes
Quisiera vista al mar / a las montañas

Ich hätte gerne Vollpension
Voldria pensió completa
Quisiera pensión completa

Ich hätte gerne Halbpension
Voldria mitja pensió
Quisiera media pensión

Ich möchte nur das Zimmer
Desitjo l'habitació sola
Deseo solo la habitación

Wieviel kostet das Zimmer für eine Nacht?
Quin és el preu de l'habitació per a una nit?
¿Cuál es el precio de la habitación para una noche?

Pro Person?
Per persona?
¿Por persona?

Mit Frühstück?
Inclòs l'esmorzar? Inclòs el desdejuni?
¿Incluido el desayuno?

Wieviel soll ich anzahlen?
Quant cal pagar a compte?
¿Cuánto hay que pagar a cuenta?

Kann ich das Zimmer sehen?
Podria veure l'habitació?
¿Podría ver la habitación?

Es gefällt mir nicht
No m'agrada
No me gusta

Ich nehme es
Em convé
Vale, Está bien

Es gefällt mir
M'agrada
Me gusta

Lassen Sie mein Gepäck hochbringen
Faci pujar el meu equipatge
Mande subir mi equipaje

7.3 **Im Zimmer**
Després d'ocupar l'habitació
Después de ocupar la habitación

In meinem Zimmer
A la meva habitació
En mi habitación

fehlt ein Stuhl,
falta una cadira,
falta una silla,

funktioniert das Telefon nicht,
no funciona el telèfon,
no funciona el teléfono,

ist kein Toilettenpapier,
no hi ha paper higiènic,
no hay papel higiénico,

gibt es keinen Strom
no hi ha corrent (elèctric)
no hay corriente (eléctrica)

Meine Zimmernummer ist: ...
El número de la meva habitació és: ...
El número de mi habitación es: ...

Könnten Sie mir zeigen, wie die Klimaanlage funktioniert?
Podria ensenyar-me com funciona l'aire condicionat?
¿Podría enseñarme cómo funciona el aire acondicionado?

Bitte bringen Sie mir
Faci el favor de portar
Haga el favor de traer

Seife,	**ein Glas**
sabó,	un got
jabón,	*un vaso*

In meinem Zimmer
A la meva habitació
En mi habitación

ist die Glühbirne durchgebrannt,
la bombeta està fosa,
la bombilla está fundida,

tropft der Wasserhahn,
l'aixeta degota,
el grifo gotea,

läßt sich das Fenster nicht öffnen,
no es pot obrir la finestra,
no se puede abrir la ventana,

läßt sich der Schrank nicht abschließen
no es pot tancar l'armari
no se puede cerrar el armario

Mein Zimmer ist nicht gemacht
La meva habitació no està arreglada
Mi habitación no está arreglada

Wie hoch ist hier die Spannung?
Quin és el voltatge aquí?
¿Qué voltaje hay aquí?

Ich benötige einen Adapter
Em fa falta un lladre / adaptador
Necesito un ladrón / adaptador

Wo ist
On és
¿Dónde está

    der Speisesaal,   **der Salon,**
    el menjador,   el saló,
    el comedor,   *el salón,*

    die Bar?
    el bar?
    el bar?

Könnte man mir
Hi ha la possibilitat que em
Es posible que me

    die Wäsche waschen,   **die Schuhe putzen,**
    rentin la roba,   netegin les sabates,
    laven la ropa,   *limpien los zapatos,*

    die Hosen bügeln,
    planxin els pantalons,
    planchen los pantalones,

    einen Knopf annähen?
    cusin un botó?
    cosan un botón?

Wo kann man
On es pot
¿Dónde se puede

    Briefmarken kaufen,
    comprar segells,
    comprar sellos,

    Geld wechseln?
    canviar diners?
    cambiar dinero?

sich zu Ausflügen / Veranstaltungen anmelden
apuntar-se a excursions / activitats
apuntarse a excursiones / programas

Wecken Sie mich bitte morgen früh um sieben
Demà cridi'm a les set
Mañana llámeme a las siete

Ich habe meinen Zimmerschlüssel verloren
He perdut la clau de la meva habitació
He perdido la llave de mi habitación

Ich habe meinen Schlüssel im Zimmer vergessen
He deixat la clau dintre de la meva habitació
He dejado la llave en mi habitación

Falls man mich sucht, ich werde gegen fünf zurück sein
Si em busquessin, torno cap a les cinc
Si me buscaran, vuelvo a eso de las cinco

7.4 Die Abreise. La sortida. *La partida*

Ich reise morgen ... ab
Marxo demà
Me voy mañana

früh	**mittag**
al matí,	al migdia
por la mañana,	*al mediodía*

Um wieviel Uhr muß ich das Zimmer freimachen?
A quina hora he de deixar lliure l'habitació?
¿A qué hora tengo que dejar libre la habitación?

Machen Sie mir die Rechnung fertig
Tingui el compte preparat
Tenga mi cuenta preparada

Die Rechnung bitte
El compte, sisplau
La cuenta, por favor

Irren Sie sich nicht? Ich bin nur zwei Nächte hier gewesen
No s'equivoca? Només hi he estat dues nits
¿No se equivoca? Sólo he estado dos noches

Rufen Sie mir ein Taxi
Cridi'm un taxi
Llámeme un taxi

Lassen Sie mein Gepäck herunterbringen
Mani baixar el meu equipatge
Mande bajar mi equipaje

7.5 **Camping**. Càmping. *Cámping*

Gibt es hier einen Campingplatz?	**Ist hier Campen erlaubt?**
Hi ha per aquí un càmping?	És permès acampar aquí?
¿Hay por aquí un cámping?	*¿Se permite acampar aquí?*

Ist Platz für
Hi ha lloc
¿Hay sitio

ein Zelt?	**einen Wohnwagen?**
per a una tenda?	per a una caravana?
para una tienda?	*para una caravana?*

ein Wohnmobil?
per a una autocaravana?
para una autocaravana?

Wieviel kostet eine Übernachtung?
Quant cal pagar per una nit?
¿Cuánto hay que pagar por una noche?

Vermieten Sie Zelte?
Lloguen tendes?
¿Alquilan tiendas?

Wo kann ich die Gasflasche austauschen / auffüllen lassen?
On puc canviar / fer omplir la bombona de gas?
¿Dónde puedo cambiar / hacer llenar la bombona de gas?

Wo kann man
On es pot
¿Dónde se puede

    kochen?   **das Geschirr spülen?**
    cuinar?   rentar els plats?
    cocinar?   *fregar los platos?*

    die Wäsche waschen?
    rentar roba?
    lavar ropa?

Dürfen wir ein Feuer machen?
Podem encendre una foguera?
¿Podemos encender una hoguera?

Wie weit ist das nächste Lebensmittelgeschäft entfernt?
A quina distància es troba la botiga de queviures més propera?
¿A qué distancia está la tienda de comestibles más cercana?

8. **DIE STADT**. LA CIUTAT. *LA CIUDAD*

8.1   **Stadtbesichtigung**. Visita de la ciutat. *Visita de la ciudad*

Können Sie mir einen Stadtplan geben?
Pot facilitar-me un plànol de la ciutat?
¿Puede facilitarme un plano de la ciudad?

Welches sind die wichtigsten Sehenswürdigkeiten der Stadt?
Quins són els monuments més importants de la ciutat?
¿Cuáles son los monumentos más importantes de la ciudad?

Können Sie mir einen Rundgang empfehlen, bei dem ich die Stadt in einem Tag / zwei Tagen besichtigen kann?
Pot recomanar-me un itinerari per a una visita de la ciutat en un dia / dos dies?
¿Puede recomendarme un itinerario para una visita de la ciudad en un día / dos días?

Organisieren Sie Stadtrundfahrten mit Führer?
Organitzen visites comentades de la ciutat?
¿Organizan visitas comentadas de la ciudad?

In welcher Sprache ist die Führung?
En quina llengua parla el guia?
¿En que lengua habla el guía?

Wieviel kostet die Teilnahme?
Quant costa la participació?
¿Cuánto cuesta la participación?

Wo fährt der Bus ab?
D'on surt l'autocar?
¿De dónde sale el autocar?

8.2 Auskünfte in der Stadt
Demanant informació a ciutat
Pidiendo información en la ciudad

Wie weit ist es?
A quina distància es troba?
¿A qué distancia está?

Ist es weit zum Stadtzentrum?
És lluny el centre de la ciutat?
¿Está lejos el centro de la ciudad?

Wie komme ich zum Stadtzentrum?
Com puc arribar al centre de la ciutat?
¿Cómo puedo llegar al centro de la ciudad?

Wo ist das Rathaus?
On és l'ajuntament?
¿Dónde se encuentra el ayuntamiento?

Gibt es hier in der Nähe einen Briefkasten?
Hi ha una bústia aquí a prop?
¿Hay aquí cerca un buzón?

Lohnt es sich, mit dem Auto dort hinzufahren?
Val la pena d'anar-hi amb cotxe?
¿Vale la pena ir en coche?

Es ist ganz nah	**Sie können zu Fuß gehen**
És molt a prop	Pot anar-hi a peu
Está muy cerca	*Puede ir a pie*

Biegen Sie die dritte Straße rechts ab
A la tercera cantonada tombi a la dreta
En la tercera esquina doble a la derecha

Das ist etwas weit
És una mica lluny
Está un poco lejos

Welche -n Bus / U-Bahn muß ich nehmen?
Quin autobús / metro he d'agafar?
¿Qué autobús / metro tengo que tomar?

Wo ist die Bus- / U-Bahnhaltestelle?
On és la parada de l'autobús / l'estació de metro?
¿Dónde está la parada de autobuses / la estación de metro?

Hundertfünfzig Meter von hier
A cent cinquanta metres d'aquí
A ciento cincuenta metros de aquí

An der Ecke
A la cantonada
En la esquina

An der zweiten Kreuzung links / rechts
Al segon carrer a l'esquerra / a la dreta
En la segunda calle a la izquierda / a la derecha

Wo muß ich aussteigen?
On he de baixar?
¿Dónde tengo que bajar?

Wieviele Haltestellen muß ich fahren?
Quantes parades he de fer?
¿Cuántas paradas tengo que seguir?

Muß ich umsteigen?	**Was kostet der Fahrschein?**
He de fer transbord?	Quant val el bitllet?
¿Tengo que transbordar?	*¿Cuánto vale el billete?*
Hier	**Geradeaus**
Aquí	Tot recte
Aquí	*Todo derecho*

Nach rechts
A la dreta
A la derecha

Nach links
A l'esquerra
A la izquierda

8.3 Öffentlicher Nahverkehr, Schilder, Lautsprecherdurchsagen
Transport urbà, rètols, informacions per altaveu
Transporte urbano, rótulos, informaciones por el altavoz

Linie 5
Línia 5 (cinc)
Línea 5 (cinco)

Richtung Horta
Direcció Horta
Dirección Horta

Ausgang Bailén
Sortida Bailèn
Salida Bailén

Nächste Station: Diagonal
Pròxima estació: Diagonal
Próxima estación: Diagonal

Anschluß an Linie drei
Correspondència amb línia tres
Correspondencia con línea tres

Achtung. Zum Öffnen, bitte Hebel bewegen
Atenció. Per obrir, accioneu la palanca
Atención. Para abrir, accionar la palanca

Haltewunsch
Demaneu / sol.liciteu parada
Solicite parada

8.4 **Das Taxi.** El taxi. *El taxi*

Rufen Sie mir bitte ein Taxi
Cridi'm un taxi, sisplau
Por favor, llámeme un taxi

Wo kann ich ein Taxi finden?
On puc trobar un taxi?
¿Dónde puedo encontrar un taxi?

Gibt es in der Nähe einen Taxistand?
Hi ha prop d'aquí una parada de taxis?
¿Hay por aquí una parada de taxis?

Schicken Sie mir das Taxi morgen früh um sieben
Enviï'm un taxi demà a les set del matí
Mándeme un taxi mañana a las siete de la mañana

Ich wohne in der Straße Carrer Balmes 12
La meva adreça és carrer Balmes, número dotze
Mi dirección es calle Balmes, número doce

Zum Plaça Lesseps bitte
Porti'm a la plaça Lesseps
Lléveme a la plaza Lesseps

Wieviel würde es mich zum Flughafen kosten?
Quant em costaria anar a l'aeroport?
¿Cuánto me costaría ir al aeropuerto?

Wie lange braucht man bis zum Bahnhof?
Quant triga a arribar a l'estació?
¿Cuánto tarda en llegar a la estación?

Ich habe es eilig
Tinc pressa
Tengo prisa

Warten Sie einen Moment hier
Esperi'm aquí un moment
Espéreme aquí un momento

Wir sind da
Hem arribat
Hemos llegado

Halten Sie hier
Pari aquí
Pare aquí

Wieviel schulde ich Ihnen?
Què li dec?
¿Qué le debo?

Wieviel zeigt die Taxiuhr an?
Quant marca el taxímetre?
¿Cuánto marca el taxímetro?

Hier, bitte, der Rest ist für Sie
Tingui, quedi's el canvi
Tenga, quédese con la vuelta

8.5 Parken. Pàrking. *Aparcamiento*

Kann ich meinen Wagen hier stehenlassen?
Puc deixar aquí el meu cotxe?
¿Puedo dejar aquí mi coche?

Zweihundert Meter weiter finden Sie eine Tiefgarage
A dos-cents metres trobarà un pàrking subterrani
A doscientos metros encontrará un aparcamiento subterráneo

Nehmen sie Ihr Ticket an der Einfahrt
En entrar, prengui el tiquet
Al entrar, recoja el ticket

Hier ist Halten verboten
És prohibit estacionar aquí
Está prohibido estacionar aquí

Parken Sie hier nicht, weil die Polizei
No aparqui aquí, perquè la policia
No aparque aquí, porque la policía

> **Strafzettel verteilt,**
> el multarà,
> *le va a multar,*

> **Ihren Wagen abschleppt**
> s'emportarà el seu cotxe
> *se llevará su coche*

Um hier zu parken, müssen Sie Münzen in die Parkuhr werfen
Només pot aparcar aquí si tira monedes al parquímetre
Sólo puede aparcar aquí si echa monedas en el parquímetro

Hier dürfen Sie maximal eineinhalb Stunden parken
Pot aparcar una hora i mitja com a màxim
Puede aparcar una hora y media como máximo

8.6 Polizei. Policia. *Policía*

Polizei!	**Diebe! Haltet den Dieb!**
Policia!	Lladres! Al lladre!
¡Policía!	*¡Ladrón! ¡Al ladrón!*

Rufen Sie bitte die Polizei
Cridi la policia, sisplau
Llame a la policía, por favor

Wo ist das Polizeirevier?
On és la comissaria de policia?
¿Dónde encuentro la comisaría de policía?

Ich habe meine Papiere verloren
He perdut els meus documents
He perdido mis documentos

Ich habe mich verlaufen
M'he perdut
Me he perdido

Man hat mich bestohlen
M'han robat
Me han robado

Es war dieser Mann
Ha estat aquest home
Ha sido este hombre

Es war diese Frau
Ha estat aquesta dona
Ha sido esta mujer

Diese da waren es
Han estat aquests
Han sido éstos

Ich habe Zeugen
Tinc testimonis
Tengo testigos

Wären Sie bereit, das zu bezeugen?
Està vostè disposat (ada) a fer de testimoni?
¿Está usted dispuesto (a) a servir de testigo?

Man hat mir ... gestohlen
M'han robat
Me han robado

den Photoapparat,
la cambra fotogràfica,
la cámara fotográfica,

das Auto,
el cotxe,
el coche,

das Geld,
els diners,
el dinero,

die Brieftasche,
la cartera,
la cartera,

die Handtasche
la bossa de mà
el bolso

Man hat mich überfallen und mir ..... gestohlen
M'han atracat i m'han pres
Me han atracado y me han quitado

den Ring, l'anell, *el anillo,*	**das Armband,** la polsera, *la pulsera,*
die Halskette, el collaret, *el collar,*	**die Uhr** el rellotge *el reloj*

Ich möchte ..... anzeigen
Voldria denunciar
Quisiera denunciar

einen Unfall, un accident, *un accidente,*	**eine Vergewaltigung,** una violació, *una violación,*
einen Überfall, un atracament, *un atraco,*	
einen Diebstahl un robatori *un robo*	

Nehmen Sie bitte meine Anzeige auf
Tinguin la bondat de prendre acta
Tengan la bondad de levantar acta

Können Sie den Räuber beschreiben?
Pot fer una descripció de l'atracador?
¿Puede dar una descripción del atracador?

Würden Sie den Dieb wiedererkennen?
Podria reconèixer el lladre?
¿Podría reconocer al ladrón?

Ich bin Deutscher Sóc alemany *Soy alemán*	**Ich bin Deutsche** Sóc alemanya *Soy alemana*

Ich möchte einen Übersetzer / Anwalt
Voldria un intèrpret / advocat
Quisiera un intérprete / abogado

Ich habe nichts getan
No he fet res
No he hecho nada

Ich möchte den deutschen Konsul sprechen
Vull parlar amb el cònsol d'Alemanya
Quiero hablar con el cónsul de Alemania

Sie haben gegen die Verkehrsordnung verstoßen
Vostè ha comès una infracció
Usted ha cometido una infracción

Sie stehen im Parkverbot
Vostè ha aparcat en zona prohibida
Usted ha aparcado en zona prohibida

Ich muß Ihnen einen Strafzettel geben
He de multar-lo (a)
Tengo que multarle

9. **FREIZEIT**. TEMPS LLIURE. *TIEMPO LIBRE*

9.1 **Freizeitgestaltung**. Lleure. *Ocio*

Was ist Ihre Lieblingsbeschäftigung?
Quina és la seva diversió favorita?
¿Cuál es su entretenimiento favorito?

... gefällt mir/ ich würde gerne...
M'agrada / m'agradaria
Me gusta / gustaría

Billard spielen,	**Karten spielen,**
jugar al billar,	jugar a cartes,
jugar al billar,	*jugar a las cartas,*

Ausflüge machen,
fer excursions,
hacer excursiones,

reiten, **lesen,**
muntar a cavall, llegir,
montar a caballo, *leer,*

Museen und Ausstellungen besuchen,
visitar museus i exposicions,
visitar museos y exposiciones,

Radio hören, **Schach spielen,**
escoltar la ràdio, jugar als escacs,
escuchar la radio, *jugar al ajedrez,*

surfen,
practicar surfing,
practicar el surfing,

Tennis spielen,
jugar al tennis,
jugar al tenis,

schwimmen **tanzen**
nedar ballar
nadar *bailar*

Fernsehen schauen,
veure la tele(visió),
ver la tele(visión),

Meine Frau geht gerne ins Kino / Theater
La meva dona és aficionada al cine / teatre
Mi mujer es aficionada al cine / teatro

Ich sammle Briefmarken
Col·lecciono segells
Colecciono sellos

Sammeln Sie irgend etwas?
Vostè és col·leccionista d'alguna cosa?
¿Usted es coleccionista de algo?

Ich widme meine gesamte Freizeit
Dedico tot el meu temps lliure a
Dedico todo mi tiempo libre a

dem Angeln,
la pesca amb canya,
la pesca con caña,

der Bienenzucht **der Jagd**
l'apicultura, la caça
la apicultura, *la caza*

Ich bin ein leidenschaftlicher Pilzsammler
Sóc un boletaire apassionat
Soy un buscador apasionado de setas

Haben Sie Lust ..... zu spielen
Té ganes de jugar
¿Tiene ganas de jugar

Domino, **Karten,**
al dominó, a cartes,
al dominó, *a las cartas,*

Würfel?
als daus?
a los dados?

Können Sie mir die spanischen Spielkarten erklären?
Pot ensenyar-me com és la baralla espanyola?
¿Puede enseñarme cómo es la baraja española?

Heute abend könnten wir tanzen gehen
Aquesta nit podríem sortir a ballar
Esta noche podríamos salir a bailar

Kennen Sie ein gutes Tanzlokal in der Nähe?
Coneix aquí prop una bona sala de festes?
¿Conoce aquí cerca una buena sala de fiestas?

Darf ich den Fernseher einschalten?
Puc engegar la tele?
¿Puedo encender la tele?

Machen Sie bitte das Radio leiser
Baixi el volum de la ràdio, sisplau
Baje el volumen de la radio, por favor

Bitte, wann ist das katalanische Kunstmuseum geöffnet?
Pot dir-me l'horari del Museu d'Art de Catalunya?
¿Puede decirme el horario del Museo de Arte de Cataluña?

Wann kann man das Picassomuseum besuchen?
Quan es pot visitar el museu Picasso?
¿Cuándo se puede visitar el museo Picasso?

Wo ist das Bild «Guernica» von Picasso ausgestellt?
On és exposat el «Guernica» de Picasso?
¿Dónde está expuesto el «Guernica» de Picasso?

Gibt es um diese Zeit Stierkämpfe?
Se celebren «corridas» en aquesta temporada?
¿Se celebran corridas en esta temporada?

9.2 Im Theater. Al teatre. *En el teatro*

Heute abend würde ich gerne ins Theater gehen. Können Sie mir ein unterhaltsames Stück empfehlen?
Aquesta nit voldria anar al teatre. Podria recomanar-me una peça entretinguda?
Esta noche quisiera ir al teatro. ¿Podría recomendarme una obra entretenida?

Wenn Sie die Sprache nicht verstehen, würde ich Ihnen etwas mit Musik empfehlen
Si no saben bé la llengua, els recomanaria un espectacle musical
Si no hablan / entienden la lengua, les recomendaría un espectáculo musical

Welches Stück wird morgen gespielt?
Quina obra fan demà?
¿Qué obra darán mañana?

Wären Sie so freundlich, mir zwei Karten für die morgige Vorstellung zu reservieren?
Seria tan amable de reservar-me dues localitats per a la funció de demà?
¿Haría el favor de reservarme dos localidades para la función de mañana?

Bitte zwei Karten für die zweite Reihe im ersten Rang
Sisplau, dues entrades de la segona fila del primer pis
Por favor, dos entradas de la segunda fila del primer piso

Um wieviel Uhr beginnt die Vorstellung?
A quina hora comença la funció?
¿A qué hora comienza la función?

Nach Beginn der Vorstellung darf niemand mehr den Saal betreten
Un cop començada la representació, no podran entrar a la sala
Una vez iniciada la representación, no podrán entrar en la sala

9.3 Im Kino. Al cine. *En el cine*

Haben Sie ein Theater- und Kinoprogramm?
Té una cartellera de teatres i cines?
¿Tiene usted una cartelera de espectáculos?

Ich würde gerne einen ... Film sehen
M'agradaria anar a veure una pel.lícula
Me gustaría ir a ver una película

Kriminal-, policíaca, de lladres i serenos, *policíaca,*	
lustigen, (Komödie) còmica, *cómica, de risa,*	**Abenteuer-,** d'aventures, *de aventuras,*
Liebes-, d'amor, *de amor,*	**Sex-,** de sexe, *de sexo,*
Science-Fiction, de ciència-ficció, *de ciencia-ficción,*	**Western** de l'oest *del oeste*

Bitte, in welchem Kino wird heute abend ein ... Film gespielt?
Podria dir-me en quin cine fan aquest vespre una pel·lícula
¿Podría decirme dónde ponen esta noche una película

englischer,	**französischer,**
anglesa,	francesa,
inglesa,	*francesa,*
deutscher,	**In Orginalfassung?**
alemanya,	en versió original?
alemana,	*en versión original?*

Um wieviel Uhr fangen die Vorstellungen an?
A quina hora comencen les sessions?
¿A qué hora comienzan las sesiones?

Zwei Karten für die Nachmittagsvorstellung bitte. Wenn möglich in der Mitte der achten Reihe im Parkett
Sisplau, dues entrades per a la sessió de la tarda. Si pot ser, centrals, en la fila vuit de la platea
Por favor, dos entradas para la sesión de la tarde. Si puede ser, centrales, en la fila ocho de la platea

Es tut mir leid, aber dies ist eine Non-Stop-Vorstellung, und die Plätze sind nicht numeriert
Ho sento, però la sessió és contínua i les entrades no són numerades
Lo siento, pero la sesión es continua y las entradas no son numeradas

9.4 Schilder und Hinweise in Theater und Kino
Rètols, avisos al teatre i al cine
Rótulos, avisos en el teatro y en el cine

Montag Ruhetag
Dilluns, descans setmanal
Lunes, descanso semanal

Für Jugendliche unter 18 verboten
No recomanada a més joves de 18 (divuit) anys
No recomendada para menores de 18 (dieciocho) años

Kartenvorverkauf zwei Wochen vor der Vorstellung
Venda anticipada de localitats amb quinze dies d'antelació
Venta anticipada de localidades con quince días de antelación

Telefonische Kartenvorbestellung
Reserves per telèfon
Reservas por teléfono

Sonderpreise für Gruppen
Preus especials per a grups
Precios especiales para grupos

V.O.S.E.: Originalfassung mit spanischen Untertiteln
V.O.S.E.: Versió original subtitulada en espanyol
V.O.S.E.: Versión original subtitulada en español

Deutsche Originalfassung
Versió original en alemany: V.O.Al.
Versión original en alemán: V.O.Al.

Alle Karten sind ausverkauft
Totes les localitats estan exhaurides, exhaurides les localitats
Todas las localidades están agotadas, agotadas las localidades

9.5 **Am Strand**. A la platja. *En la playa*

Welchen Strand würden Sie uns empfehlen?
Quina platja podria recomanar-nos?
¿Qué playa podría recomendarnos?

Wieviel Grad hat das Wasser heute?
Quants graus té avui l'aigua?
¿A cuántos grados está hoy el agua?

Wo können wir uns umziehen?
On podem despullar-nos?
¿Dónde podemos desvestirnos?

Ist es für Kinder nicht gefährlich?
No hi ha perill per als nens?
¿No hay peligro para los niños?

Wieviel kostet die Miete ... pro Stunde
Quant costa el lloguer per una hora (per dues hores)
Cuánto cuesta el alquiler por un hora (por dos horas)

> **einer Liege,**
> d'una gandula,
> *de una hamaca,*

121

einer Luftmatratze,
d'un matalàs inflable,
de un colchón neumático,

eines Tretboots,	**eines Bootes?**
d'un patí,	d'un bot?
de un patín,	*de un bote?*

Vorsicht, nicht auf Seeigel treten!
Compte a no trepitjar eriçons de mar!
¡Cuidado de no pisar erizos de mar!

Kann man hier baden / angeln?
Es pot banyar / pescar aquí?
¿Se puede bañar / pescar aquí?

10. MAHLZEITEN. RESTAURANT
ÀPATS. RESTAURANT
COMIDAS. RESTAURANTE

10.1 Speisen. Allgemeines
Àpats. Generalitats
Comidas. Generalidades

Wir würden gerne mittagessen / abendessen
Voldriem dinar / sopar
Quisiéramos comer (almorzar) / cenar

Können Sie uns ein typisch katalan. / span. Restaurant empfehlen?
Pot recomanar-nos un restaurant típic català / espanyol?
¿Puede recomendarnos un restaurante típico catalán / español?

Gibt es hier ein Bier- / Weinlokal in der Nähe?
Hi ha aquí a la vora una cerveseria / celler?
¿Hay aquí cerca una cervecería / bodega?

Reservieren Sie uns bitte für heute abend um halb neun einen Tisch für vier Personen
Reservi'ns sisplau una taula per a quatre persones, per a dos quarts de nou d'aquesta nit
Resérvenos, por favor, una mesa para cuatro personas para las ocho y media de esta noche

Hast du keinen Hunger / Durst? **Ich habe großen Hunger**
No tens gana / set? Tinc molta gana
¿No tienes hambre / sed? *Tengo mucha hambre*

Ich habe Durst **Gehen wir frühstücken**
Tinc set Anem a esmorzar
Tengo sed *Vamos a desayunar*

Gehen wir etwas essen / trinken!
Anem a menjar / prendre alguna cosa!
¡Vamos a comer / tomar algo!

Ich lade Sie zum ... ein
L'invito a
Le / La invito a

        Mittagessen,   **Imbiß,**
        dinar,   berenar,
        comer (almorzar),   *merendar,*

        Abendessen
        sopar
        cenar

Ich lade Sie auf einen Drink ein
L'invito a prendre una copa
Le / La invito a tomar una copa

Essen wir doch gemeinsam zu Abend!
Sopem plegats!
¡Cenemos juntos!

Gehen wir in dieses Restaurant!
Entrem en aquest restaurant!
¡Vamos a entrar en este restaurante!

Sie müssen die katalanischen / spanischen Spezialitäten probieren
Ha de tastar les especialitats catalanes / espanyoles
Tiene que probar las especialidades catalanas / españolas

10.2 Frühstück im Hotel
Esmorzar a l'hotel
Desayuno en el hotel

Ist das Frühstück im Zimmerpreis inbegriffen?
L'esmorzar està inclòs en el preu de l'habitació?
¿El desayuno está incluido en el precio de la habitación?

Wir würden gerne frühstücken
Voldríem esmorzar
Quisiéramos desayunar

Bitte, um wieviel Uhr wird das Frühstück serviert?
Digui'm, sisplau, a quines hores serveixen l'esmorzar?
Dígame, por favor, ¿entre qué horas sirven el desayuno?

Lassen Sie mir das Frühstück aufs Zimmer bringen
Faci'm pujar l'esmorzar a l'habitació
Hágame subir el desayuno a la habitación

Wo ist der Speisesaal?
On és el menjador?
¿Dónde está el comedor?

Wo können wir uns hinsetzen?
On podem seure?
¿Dónde podemos sentarnos?

Was möchten Sie trinken,
Què desitgen prendre,
¿Qué desean tomar,

Kaffee mit Milch, **Tee,**
cafè amb llet, te,
café con leche, *té,*

Kakao?
cacau?
cacao?

Bringen Sie mir einen Fruchtsaft
Porti'm un suc de fruita
Traiga un zumo de fruta

Mit oder ohne Zucker?
Amb sucre o sense?
¿Con o sin azúcar?

Herr Ober, bringen Sie mir noch einen Kaffee
Cambrer, porti'm un altre cafè
Camarero, traiga otro café

Bringen Sie uns etwas / ein paar
Porti'ns una mica / unes
Tráiganos un poco / unas

       Scheiben Brot,
       llesques de pa,
       rebanadas de pan,

       Brötchen
       uns panets
       unos panecillos

10.3 Getränke. Begudes. *Bebidas*

Darf ich Sie zu einem Drink einladen?
Puc invitar-lo / invitar-la a prendre una copa?
¿Puedo invitarle / invitarla a tomar una copa?

Danke. Ich nehme Ihre Einladung an
Gràcies. Accepto la seva invitació
Gracias. Acepto su invitación

Was trinken wir?
Què prendrem?
¿Qué vamos a tomar?

Was möchten die Herrschaften trinken?
Què volen beure els senyors?
¿Qué desean tomar, los señores?

Bringen Sie bitte eine Flasche eiskaltes Bier
Porti una ampolla de cervesa gelada, si us plau
Traiga una botella de cerveza helada, por favor

Eine Flasche / einen Liter Wein
Una ampolla / un litre de vi
Una botella / un litro de vino

Welchen Wein empfehlen Sie?
Quin vi recomana?
¿Qué vino recomienda?

Bringen Sie bitte mehr Eis (-würfel)
Porti més glaçons, sisplau
Traiga más (cubitos de) hielo, por favor

Prost! Auf Ihre Gesundheit
Salut! A la seva salut!
¡Salud! ¡A su salud!

Prost! Auf deine Gesundheit
Salut! A la teva salut!
¡Salud! ¡A tu salud!

10.4 Mittag- und Abendessen im Restaurant
Dinar i sopar en un restaurant
Almuerzo y cena en un restaurante

Wo sollen wir uns hinsetzen, hier oder in die Ecke?
On seiem, aquí o al racó?
¿Dónde vamos a sentarnos, aquí o en el rincón?

Der Kellner kommt sofort
El cambrer vindrà de seguida
El camarero viene en seguida

Ist dieser Tisch noch frei?
És lliure aquesta taula?
¿Está libre esta mesa?

Setzen wir uns hier hin
Seguem aquí
Vamos a sentarnos aquí

Herr Ober, bringen Sie bitte noch einen Stuhl
Cambrer, porti una cadira més, sisplau
Camarero, traiga otra silla más, por favor

Entschuldigen Sie, ist dieser Stuhl noch frei?
Perdoni, és lliure aquesta cadira?
Perdone, ¿está libre esta silla?

Wir würden gerne etwas essen / trinken
Voldríem menjar / beure alguna cosa
Quisiéramos comer / beber algo

Herr Ober, die Karte bitte
Cambrer, la carta, sisplau
Camarero, la carta, por favor

Bringen Sie bitte noch ein Messer / eine Gabel
Porti'ns un altre ganivet / una altra forquilla
Traiga otro cuchillo / tenedor

Es fehlt ein Löffel
Falta una cullera
Falta una cuchara

ein Besteck, un cobert, *un cubierto,*	**der Salzstreuer** un saler *el salero*

Woraus besteht das Menü?
Què és el menú?
¿Qué es el menú?

Bringen Sie mir das (Tages-) Menü
Serveixi'm el menú (del dia)
Sírvame el menú (del día)

10.5 **Bestellung**. Comanda. *Pedido*

Was bestellen wir als Aperitiv?
Quin aperitiu demanem?
¿Qué aperitivo vamos a pedir?

Was essen wir zuerst?
Què mengem per començar?
¿Qué comeremos para empezar?

Einen Salat? Amanida? *¿Ensalada?*	**Mögen Sie Oliven?** Li agraden les olives? *¿Le gustan las aceitunas?*

Was wünschen Sie als Vorspeise, Suppe oder etwas anderes?
Què desitja com a primer plat, sopa o alguna altra cosa?
¿Qué desea como primer plato, sopa o alguna otra cosa?

Nudeln oder Reis?
Pasta o arròs?
¿Pasta o arroz?

Was soll ich Ihnen empfehlen: Fleisch, Fisch oder ein Gemüsegericht?
Què puc recomanar-li: carn, peix o algun plat de verdura?
¿Qué le puedo recomendar: carne, pescado o algún plato de verdura?

Hätten Sie lieber Geflügel?
Prefereix aviram?
¿Prefiere aves?

Essen Sie gerne Wild?
Li agrada la (carn d'animals de) caça?
Le gusta la (carne de animales de) caza?

Hier wird es sehr gut zubereitet
Aquí la preparen molt bé
Aquí la preparan muy bien

Wie hätten Sie gerne das Fleisch, gut durch oder englisch?
Com li agrada la carn, molt feta o poc feta?
¿Cómo le gusta la carne, bien hecha o poco hecha?

Sie sollten eine hiesige Spezialität probieren
Ha de tastar alguna especialitat d'aquí
Tiene que probar alguna especialidad de aquí

Herr Ober!	**Was wünschen Sie?**
Cambrer!	Què els porto?
¡Camarero!	*¿Qué les traigo?*

Bringen Sie uns zuerst den Krabbencocktail
Per començar porti'ns còctel de gambes
Para comenzar tráiganos cóctel de gambas

Welche Suppe empfehlen Sie uns?
Quina sopa recomana?
¿Qué sopa recomienda?

Was ist die Vichyssoise / Caldo gallego für eine Suppe?
Quina sopa és la vichissoise / el caldo gallego?
¿Qué sopa es la vichissoise / el caldo gallego?

Als Hauptspeise hätten wir gerne Fisch oder Wild
Com a plat principal, voldríem menjar peix o caça
Como plato principal, quisiéramos comer pescado o caza

Was können Sie uns empfehlen?
Què pot recomanar-nos?
¿Qué nos puede recomendar?

Den Nachtisch bestellen wir später
Demanarem les postres més tard
Pediremos los postres más tarde

Guten Appetit!
Bon profit!
¡Buen provecho! ¡Que aproveche!

Gleichfalls
Igualment
Igualmente

Schmeckt es Ihnen?   **Das Gericht ist ausgezeichnet / köstlich**
Li agrada?   Aquest plat és excel·lent / deliciós
¿Le gusta?   *Este plato es excelente / delicioso*

Wollen Sie den Salat nicht anmachen?
No vol amanir l'amanida?
¿No quiere aliñar / aderezar la ensalada?

Was wünschen Sie als Beilage?
Quin acompanyament desitja?
¿Qué guarnición desea?

Welche Sauce möchten Sie zum Fleisch?
Quina salsa vol amb la carn?
Qué salsa quiere con la carne?

Möchten Sie Brot?   **Was trinken wir?**
Vol pa?   Què prendrem?
¿Quiere pan?   *¿Qué vamos a tomar?*

Herr Ober, welchen Wein empfehlen Sie zu diesem Fleisch?
Cambrer, quin vi recomana amb aquesta carn?
Camarero, ¿qué vino recomienda con esta carne?

Möchten Sie Rot- oder Weißwein?
Vol vi negre o blanc?
¿Quiere vino tinto o blanco?

Herr Ober, haben Sie einen Hauswein?
Cambrer, tenen vi de la casa?
Camarero, ¿tienen vino de la casa?

Bringen Sie uns eine Flasche Sekt
Porti'ns una ampolla de cava
Traiganos una botella de cava

Auf Ihre Gesundheit
A la seva salut
A su salud

Was nehmen wir zum Nachtisch?
Què menjarem de postres?
¿Qué vamos a comer de postre?

Wollen Sie Obst, Käse oder Süßspeisen?
Vol fruita, formatge o dolços?
¿Quiere fruta, queso o dulces?

Trinken Sie Kaffee?
Prendrà cafè?
¿Tomará café?

Möchten Sie einen Cognac? Der ist gut für die Verdauung
Vol un conyac? Ajuda a fer la digestió
¿Quiere un coñac? Ayuda la digestión

Trinken wir auf unsere Freunde
Brindem pels nostres amics
Brindemos por nuestros amigos

10.6 **Die Rechnung.** El compte. *La cuenta*

Zahlen wir
Paguem
Vamos a pagar

Herr Ober, die Rechnung bitte
Cambrer, el compte, sisplau
Camarero, la cuenta, por favor

Lassen Sie nur, ich lade ein
Deixi-ho, l'invito jo
Déjelo, le invito yo

Diesmal zahle ich
Aquesta vegada pago jo
Esta vez pago yo

Teilen wir uns die Rechnung
Compartim el compte
Vamos a compartir la cuenta

Wieviel Trinkgeld gibt man?
Quanta propina es deixa?
¿Cuánta propina se deja?

Entschuldigen Sie, aber da ist ein Fehler in der Rechnung
Perdoni, però aquest compte és errat / equivocat
Perdone, pero esta cuenta está equivocada

Herr Ober, das ist für Sie
Cambrer, és per a vostè
Camarero, es para usted

Ich danke Ihnen vielmals für Ihre Einladung
Li agraeixo molt la invitació
Le agradezco mucho la invitación

10.7 Schilder im Restaurant
Rètols al restaurant
Letreros en el restaurante

Parkplatz
Aparcament, pàrking
Aparcamiento, parking

Wegen Urlaub geschlossen
Tancat per vacances
Cerrado por vacaciones

Ruhetag
Descans setmanal
Descanso semanal

Typisch katalanische / spanische Küche
Cuina típica catalana / espanyola
Cocina típica catalana / española

Terrasse
Terrassa
Terraza

Speisesaal
Menjador
Comedor

Privatraum / Bankettsaal
Saló privat / saló per banquets
Salón privado / salón para banquetes

Bar
Bar
Bar

Küche
Cuina
Cocina

Garderobe
Guarda-roba (m)
Guardarropa

WC
Lavabo(s)
Lavabo(s)

Toiletten
Lavabo(s)
Aseo(s), servicio(s)

Herren
Homes
Caballeros

Damen
Dones
Señoras

Öffentliches Telefon
Telèfon públic
Teléfono público

Speisekarte
Carta (de plats)
Carta (de platos)

Weinkarte
Carta de vins
Carta de vinos

Preisliste
Llista de preus
Lista de precios

Menü
Menú
Menú

Der Küchenchef empfiehlt
El xef us suggereix / recomana
El chef le sugiere / recomienda

Bedienung inbegriffen
Servei inclòs
Servicio incluido

Mwst. inbegriffen
I.V.A. inclòs
I.V.A. incluido

Schecks und Kreditkarten werden nicht angenommen
No s'admeten talons i targetes de crèdit
No se admiten cheques / talones y tarjetas de crédito

10.8 - 10.22 **Die Speisekarte**. La carta. *La carta*

10.8 **Vorspeisen**. Entremesos. *Entremeses*

Oliven (grüne, schwarze) Olives (verdes, negres) *Aceitunas (verdes, negras)*	**Kaviar** Caviar *Caviar*

Krabbencocktail
Còctel de gambes
Cóctel de gambas

Meeresfrüchtesalat / -cocktail
Amanida / Còctel de marisc
Ensalada / Cóctel de mariscos

Russischer Salat Ensalada russa *Ensalada rusa*	**Leberpastete** Foie gras *Foie gras*
Schinken Pernil *Jamón*	**Patés** Patés *Patés*

Kalte Aufschnittplatte
Assortiment de carn freda
Surtido de fiambres

10.9 **Salate**. Amanides. *Ensaladas*

Rohkostteller Crudités *Crudités*	**Spargel mit Mayonnaise** Espàrrecs amb maionesa *Espárragos con mayonesa*
Gemischter Salat Amanida mixta *Ensalada mixta*	**Tomatensalat** Amanida de tomàquet *Ensalada de tomate*
Grüner Salat Enciam *Lechuga*	**Gurken** Cogombres *Pepinos*

10.10 Teigwaren und Reis. Pastes i arrossos. *Pastas y arroces*

Canneloni
Canelons
Canelones

Makkaroni
Macarrons
Macarrones

Pizza
Pizza
Pizza

Spaghetti
Espaguetis
Espaguetis

Paella
Paella, arròs a la cassola
Paella

10.11 Beilagen und Soßen
Acompanyaments i salses
Guarniciones y salsas

Reis
Arròs
Arroz

Kartoffeln
Patates
Patatas

Kartoffelpüree
Puré de patates
Puré de patatas

Ketchup
Catsup
Catsup

Tomatensoße
Salsa de tomàquet
Salsa de tomate

Kroketten
Croquetes
Croquetas

Pommes frites
Patates fregides
Patatas fritas

Knoblauchmayonnaise
Allioli
Alioli

Mayonnaise
Maionesa, salsa maionesa
Mayonesa, salsa mayonesa

10.12 **Suppen**. Sopes. *Sopas*

Bouillon
Brou
Caldo

Kraftbrühe
Consomé
Consomé

Hülsenfrüchte- / Gemüsecremesuppe
Crema de llegums / verdures
Crema de legumbres / verduras

Escudella
Escudella
«Escudella»

Gazpacho (kalte Gemüsesuppe)
Gaspatxo
Gazpacho

Fleischklößchensuppe
Sopa de mandonguilles
Sopa de albóndigas

Fischsuppe
Sopa de peix
Sopa de pescado

Meeresfrüchtesuppe
Sopa de marisc
Sopa de marisco

Tomatensuppe
Sopa de tomàquet
Sopa de tomate

Gemüsesuppe
Sopa de verdures
Sopa de verduras

10.13 **Gemüsegerichte**. Plats de verdura. *Platos de verdura*

Linseneintopf
Cassola de llenties
Cazuela de lentejas

Gemüseeintopf
Minestra de verdures
Menestra de verduras

Asturischer Bohneneintopf
Mongetes estofades, cassola de faves
Fabada, cazuela de habas

Erbspüree
Puré de pèsols
Puré de guisantes

10.14 Zubereitungsarten
Maneres de preparació
Formas de preparación

(Fleisch) gut durch, englisch, medium
(Carn) feta, poc feta, al punt
(Carne) hecha, poco hecha, al punto

Aus dem Backofen
Al forn
Al horno

Frittiert
Fregit (ida)
Frito (a)

Gedünstet
Ofegat (ada)
Rehogado (a)

Gehackt
Picat (ada)
Picado (a)

Gekocht
Bullit (ida)
Hervido (a)

Gesalzen
Salat (ada)
Salado (a)

Gratiniert
Gratinat (ada)
Gratinado (a)

Kandiert
Confitat (ada)
Confitado (a)

Mariniert
En escabetx
En escabeche

Flambiert
Flamejat (ada)
Flameado (a)

Gebraten
A la planxa
A la plancha

Gefüllt
Farcit (ida)
Relleno (a)

Gekocht
Cuit (a)
Cocido (a)

Geräuchert
Fumat (ada)
Ahumado (a)

Geschmort
Rostit (da)
Asado (a)

in Butter geschwenkt
Saltat (ada)
Salteado (a)

Lebend
Viu, viva
Vivo (a)

Mit Sahnesauce
Amb crema
A la crema

Nature
Al natural
Al natural

Panniert
Arrebossat (ada)
Rebozado (a)

Trocken
Sec (a)
Seco (a)

Vom Grill
A la brasa
A la brasa, braseado (a)

Vom Rost
A la graella
A la parrilla

10.15 Fleisch. Carns. *Carnes*

Beefsteak
Bistec
Bistec, bisté

Braten
Rostit
Asado

Filet
Filet
Filete

Fleischklößchen
Mandonguilles
Albóndigas

Fleischplatte
Graellada de carn
Parrillada de carne

Gefüllte Paprika
Pebrot farcit
Pimiento relleno

Kalbsmedaillons
Medallons de vedella
Medallones de ternera

Kutteln
Tripes
Callos, tripas

Panniertes Fleisch
Carn arrebossada
Carne rebozada

Ragout
Estofat
Estofado

Roastbeef
Rosbif
Rosbif

Schnitzel
Escalopa
Escalope

Schweinekotelett
Costella de porc
Chuleta de cerdo

Schweinelende
Llom de porc
Lomo de cerdo

Steak Tatar
Bistec tàrtar
Bistec tártar

10.16 Das Fleisch unseres Hausviehs
Animals domèstics i la seva carn
Animales domésticos y su carne

Rind
Bou
Buey

Hammel
Moltó, xai
Carnero

Lamm
Anyell, be
Cordero

Schaf
Ovella
Oveja

Zicklein
Cabrit
Cabrito

Kaninchen
Conill
Conejo

Spanferkel
Porcell, garrí
Lechón, cochinillo

Kalb
Vedella
Ternera

10.17 Wild und Geflügel. Caça i aviram. *Caza y aves*

Hirsch
Cérvol
Ciervo, venado

Hase
Llebre, conill de bosc
Liebre

Huhn
Gallina
Gallina

Wildgans
Oca salvatge
Ganso salvaje

Wildschwein
Senglar, porc senglar
Jabalí

Wachtel
Guatlla
Codorniz

Gans
Oca
Ganso, oca

Ente
Ànec
Pato

Truthahn
Gall dindi
Pavo

Hühnchen
Pollastre
Pollo

10.18 **Fisch. Meeresfrüchte**
Peix. Marisc
Pescado. Mariscos

Austern
Ostres (vives)
Ostras (vivas)

Fischplatte vom Grill
Graellada de peix
Parrillada de pescado

Kraken in eigener Tinte
Pops amb la tinta
Pulpos en su tinta

Fisch- und Meeresfrüchtetopf
Sarsuela de peix i marisc
Zarzuela de pescado y marisco

10.19 **Süßwasser- und Meeresfisch**
Peixos d'aigua dolça i de mar
Peces de agua dulce y de mar

Anschovis
Anxova
Anchoa

Aal
Anguila
Anguila

Hering
Areng
Arenque

Thunfisch
Tonyina
Atún

Kabeljau
Bacallà
Bacalao

Karpfen
Carpa
Carpa

Seezunge
Llenguado
Lenguado

Seehecht
Lluç
Merluza

Salm / Lachs
Salmó
Salmón

Sardine
Sardina
Sardina

Forelle
Truita
Trucha

10.20 **Meeresfrüchte. Schnecken**
Marisc. Cargols
Mariscos. Caracoles

Muschel, Venusmuschel
Musclo, cloïssa, copinya
Mejillón, almeja

Tintenfisch
Calamar(s)
Calamar

Garnele
Gambeta
Camarón

Krebs
Cranc
Cangrejo

Schnecke
Cargol
Caracol

Krabbe
Gamba
Gamba

Languste
Llagosta
Langosta

Meeresfrucht
Marisc
Marisco

Auster
Ostra
Ostra

Krake
Pop
Pulpo

Sepia
Sípia, sèpia
Sepia, jibia

10.21 Desserts und Süßspeisen. Kuchen und Torten
Postres i plats dolços. Pastes i pastissos
Postres y platos dulces. Pastas y pasteles

Milchreis
Arròs amb llet
Arroz con leche

Crêpes
Creps
Creps

Frisches Obst
Fruita del temps
Fruta del tiempo

Marmelade
Melmelada
Mermelada

Pudding
Púding
Puding / pudín / budín

Fruchtjoghurt
Iogurt de fruites
Yogur de frutas

Spritzkuchen
Bunyols
Buñuelos

Teegebäck
Pastes seques
Pastes de té, pastas secas

Konditoreiwaren
Rebosteria
Repostería

Creme
Crema
Crema

Pudding
Flam
Flan

Obstsalat
Macedònia de fruites
Macedonia de frutas

Mousse au chocolat
Mousse de xocolata
Mousse de chocolate

Käseplatte
Safata de formatges
Surtido de quesos

Kuchen und Torten
Pastes i pastissos
Pastas y pasteles

Ölkringel
Xurros
Churros

Schokoladenkuchen
Pastís de xocolata
Pastel de chocolate

Ein Stück Kuchen
Un tall de pastís
Un corte de pastel

10.22 **Eis und Süßigkeiten**. Gelats i dolços. *Helados y dulces*

Eisbecher
Copa de gelat
Copa de helado

Becher mit drei Kugeln
Copa de tres boles
Copa de tres bolas

Schokoladeneis
Gelat de xocolata
Helado de chocolate

Vanilleeis
Gelat de vainilla
Helado de vainilla

Süßspeisen
Dolços
Dulces

Pralinen
Bombons
Bombones

Bonbons, Zuckerwerk
Caramels, confits
Caramelos, confites

Kaugummi
Xiclet
Chicle, goma de mascar

Schokolade mit Mandeln / Haselnüssen
Xocolata amb ametlles / avellanes
Chocolate con almendras / avellanas

Marzipan
Massapà
Mazapán

Nougat
Torró
Turrón

Eine Tafel Schokolade
Una rajola de xocolata
Una tableta de chocolate

11. **EINKÄUFE. DIENSTLEISTUNGEN**
   COMPRES. SERVEIS
   COMPRAS. SERVICIOS

11.1 **Portionen, Einheiten**
   Porcions, unitats
   Porciones, unidades

Geben Sie mir bitte
Doni'm, sisplau
Déme, por favor

zweihundert Gramm Schinken,
dos-cents grams de pernil,
doscientos gramos de jamón,

zweihunderfünfzig Gramm Käse,
dos-cents cinquanta grams de formatge,
doscientos cincuenta gramos de queso,

ein Pfund Trauben,	**ein Kilo Brot,**
mig quilo de raïm,	un quilo de pa,
medio kilo de uvas,	*un kilo de pan,*
einen Liter Milch,	**vierzig Zentimeter,**
un litre de llet,	quaranta centímetres,
un litro de leche,	*cuarenta centímetros,*

einen Meter
un metre
un metro

Geben Sie es mir alles / ganz
Doni'm / Posi'm tot / sencer
Déme / Póngame todo / entero

Geben Sie mir die Hälfte	**In Scheiben bitte**
Doni-me'n la meitat	Doni-me'l a talls / a llesques
Déme la mitad	*Démelo en lonchas / en tajadas*

Geben Sie mir
Doni-me'n
Déme

ein paar,	**mehr,**
uns quants,	més,
unos cuantos,	*más,*

weniger
menys
menos

Geben Sie mir
Doni'm
Déme

ein Hähnchen,   **ein halbes Hähnchen,**
un pollastre (sencer),   mig pollastre,
un pollo (entero),   *medio pollo,*

ein viertel Hähnchen
un quart de pollastre
un cuarto de pollo

ein Paket Paniermehl,
un paquet de pa ratllat,
un paquete de pan rallado,

ein Päckchen Zigaretten,
un paquet de cigarretes,
un paquete de cigarrillos,

ein Stück Käse,
un tros de formatge,
un pedazo / trozo de queso,

ein Stück Butter, ein Paket Butter,
un tros de mantega, una pastilla/un paquet de mantega,
un pedazo demantequilla, una pastilla / un paquete de mantequilla

ein Stück Seife,
una pastilla de sabó,
una pastilla de jabón,

eine Schachtel Streichhölzer,
una capsa de mistos / llumins,
una caja de cerillas,

eine Kiste Zigarren,
una capsa de cigars,
una caja de puros,

ein Päckchen Brühwürfel,
un paquet / una capsa de pastilles maggi,
un paquete / una caja de pastillas maggi,

eine Dose Bier,
una llauna de cervesa,
una lata de cerveza,

eine Dose,
una llauna,
una lata,

eine Dose Tomaten,
una llauna de tomàquet,
una lata de tomate,

ein Paar Socken,
un parell de mitjons,
un par de calcetines,

einen Joghurt,
un iogurt,
un yogur,

ein Glas Wein,
un got / vas de vi,
un vaso de vino,

ein Brot,
una barra de pa,
una barra de pan,

eine Scheibe Melone,
una tallada de meló,
una tajada de melón,

eine Scheibe Schinken,
un tall de pernil,
una loncha / tajada de jamón,

eine Scheibe Seehecht,
una rodanxa de lluç,
una rodaja de merluza,

eine Scheibe Brot,
una llesca de pa,
una rebanada de pan,

eine Tafel Schokolade,
una pastilla de xocolata,
una tableta de chocolate,

eine Rolle Toilettenpapier,
un rotlle / rotllo de paper higiènic,
un rollo de papel higiénico,

ein Dutzend Eier,
una dotzena d'ous,
una docena de huevos,

eine Flasche Wein / Bier,
una ampolla de vi / cervesa,
una botella de vino / cerveza,

einen Topf Honig,
un pot de mel,
un tarro de miel,

eine Tütensuppe,
un sobre de sopa maggi,
un sobre de sopa maggi,

eine Tüte Kichererbsen
una bossa de cigrons
una bolsa de garbanzos

11.2 **Maße**. Mesures. *Medidas*

Gewichte. Gewichtsmaße
Pesos. Mesures de pesos
Pesos. Medidas de pesos

Gramm	**Dezigramm (10 Gramm)**
Gram	Decagram (10 grams)
Gramo	*Decagramo (10 gramos)*
Kilogramm, Kilo	**Zentner (Meter-)**
Quilogram, quilo	Quintar
Kilogramo, kilo	*Quintal (métrico)*

Tonne
Tonelada
Tonelada

Hohlmaße
Mesures de capacitat i de volum
Medidas de capacidad y de volumen

Deziliter
Decilitre
Decilitro

Liter
Litre
Litro

Hektoliter
Hectolitre
Hectolitro

Kubikzentimeter
Centímetre cúbic
Centímetro cúbico

Kubikmeter
Metre cúbic
Metro cúbico

Längenmaße
Mesures de longitud
Medidas de longitud

Millimeter
Milímetre
Milímetro

Zentimeter
Centímetre
Centímetro

Dezimeter
Decímetre
Decímetro

Meter
Metre
Metro

Kilometer
Quilòmetre
Kilómetro

Flächenmaße
Mesures de superfície
Medidas de superficie

Quadratmeter
Metre quadrat
Metro cuadrado

Quadratkilometer
Quilòmetre quadrat
Kilómetro cuadrado

Andere Maße
Altres mesures
Otras medidas

Spanische Meile	**Meile**
Llegua	Milla
Legua	*Milla*
Hektar	**Span. Pfund (400 Gramm)**
Hectàrea	Lliura (400 grams)
Hectárea	*Libra (400 gramos)*

11.3 Einkäufe. Allgemeines
Compres. Generalitats
Compras. Generalidades

Was für Geschäfte gibt es hier?
Quines botigues hi ha per aquí?
¿Qué tiendas hay por aquí?

Wo kann ich Briefumschläge kaufen?
On puc comprar sobres?
¿Dónde puedo conseguir sobres?

Wo ist der nächste Tabakladen / das nächste Schreibwarengeschäft?
On es troba l'estanc més proper / la papereria més propera?
¿Dónde queda el estanco más próximo / la papelería más próxima?

Um wieviel Uhr öffnen / schließen die Geschäfte?
A quina hora obren / tanquen les botigues?
¿A qué hora abren / cierran las tiendas?

Ist es geöffnet / geschlossen?	**Was wünschen Sie?**
Està obert / tancat?	Què desitja / desitgen?
¿Está abierto / cerrado?	*¿Qué desea / desean?*
Womit kann ich Ihnen dienen?	**Werden Sie schon bedient?**
En què puc servir-li?	Ja l'atenen? Ja el / la serveixen?
¿En qué puedo servirle?	*¿Le / La atienden ya?*

Wer ist der Nächste?
Qui toca?
¿Quién es el / la siguiente?

Darf es ein bißchen mehr sein?
És una mica més, no li fa res?
Es un poco más, ¿no le importa?

Bitte schön
Aquí ho té
Aquí lo tiene

Was darf es sonst noch sein?
Una altra cosa?
¿Algo más?

Ist das alles?
Això és tot?
¿Eso es todo?

Das macht zusammen zweihundert Peseten
Són dues-centes pessetes en total
Son doscientas pesetas en total

Ich brauche auch noch ein paar Briefumschläge
Necessito també uns sobres
Necesito también unos sobres

Haben Sie Briefmarken?
Té segells també?
¿Tiene sellos también?

Zeigen Sie mir ein paar Postkarten
Ensenyi'm unes postals
Enséñeme unas postales

Wieviel kostet das hier?
Aquest quin preu té?
¿Esto qué precio tiene?

Wieviel kostet es?
Quant és?
¿Cuánto cuesta / vale?

Was schulde ich Ihnen?
Què li dec?
¿Cuánto le debo?

Es kostet hundert Peseten
Val cent pessetes
Vale cien pesetas

Haben Sie nichts Billigeres?
No en té de més barats?
¿No tiene nada más barato?

Es ist zu teuer
És massa car
Es demasiado caro

Haben Sie nur diese -n / -s?
Només té aquest (a)?
Solo tiene este (a)?

Haben Sie kein -e -n andere -n / -s?
No en té un altre / una altra?
¿No tiene otro (a)?

Das haben Sie nicht?
No n'hi ha?
¿No hay?

Haben Sie es normalerweise?
Acostumen tenir-ho?
¿Suelen tenerlo / tenerla?

Wann werden Sie es wieder haben?
Quan en tindrà?
¿Cuándo tendrá?

Geben Sie mir noch eins
Doni-me'n un altre
Déme otro

Können Sie es mir umtauschen?
Pot canviar-me'l?
¿Puede cambiármelo?

Bei wem soll ich zahlen?
A qui he de pagar?
¿A quién tengo que pagar?

Ich kassiere Ihnen schon selbst
Ja li cobro jo
Ya le cobro yo

Hier haben Sie die Rechnung
Aquí té la factura
Aquí tiene la factura

Gehen Sie zur Kasse
Passi per la caixa
Pase por la caja

Soll ich es Ihnen einpacken?
Li ho embolico?
¿Se lo envuelvo?

Packen Sie es mir ein
Emboliqui-me'l
Envuélvamelo

11.4 Auf dem Markt. Al mercat. *En el mercado*

Beim Kauf von Obst und Gemüse
Compra de verdures i fruites
Compra de verduras y frutas

Geben Sie mir ein Kilo Apfelsinen
Doni'm un quilo de taronges
Déme un kilo de naranjas

Geben Sie mir ein Pfund reife Tomaten
Doni'm mig quilo de tomàquets madurs
Déme medio kilo de tomates maduros

Sie sind nicht reif genug
No són prou madurs
No están bastante maduros

Reifere bitte
Més madurs, sisplau
Más maduros, por favor

Fester / grüner
Més durs / verds
Más duros

Größer / kleiner
Més grans / petits
Más grandes / pequeños

Wiegen Sie mir diese Melone
Pesi ('m) aquest meló
Pése (me) este melón

Wieviel wiegt sie?
Quant pesa?
¿Cuánto pesa?

Ist das Gemüse frisch?
És fresca la verdura?
¿Es fresca la verdura?

Können Sie mir eine Tüte geben?
Pot donar-me una bossa?
¿Puede darme una bolsa?

Wie heißt diese Frucht auf Katalanisch / Spanisch?
Com es diu en català / castellà aquesta fruita?
¿Cómo se llama en catalán / español esta fruta?

11.5 Metzgerei. Carnisseria. *Carnicería*

Geben Sie mir
Doni'm
Déme

    ein Pfund Kalbfleisch,
    mig quilo de carn de vedella,
    medio kilo de carne de ternera,

dreihundert Gramm Schweineleber,
tres-cents grams de fetge de porc,
trescientos gramos de hígado de cerdo,

ein Pfund Schmalz
mig quilo de llard
medio kilo de manteca

Geben Sie mir auch noch
Doni'm també
Déme también

zweihundertfünfzig Gramm Schinken
dos-cents cinquanta grams de pernil
doscientos cincuenta gramos de jamón

Fein geschnitten bitte
En talls fins, sisplau
En lonches / tajadas finas, por favor

Dicker	**Dieser ist zu fett**
Més gruixudes	Aquest és massa gras
Más gruesas	*Este es demasiado graso*

Magerer bitte
Més magre, sisplau
Más magro, por favor

11.6 **Geflügelhandlung**. Polleria. *Pollería*

Geben Sie mir
Doni'm
Déme

ein Hähnchen,	**einen Truthahn**
un pollastre,	un gall dindi
un pollo,	*un pavo*

eine nicht zu große Ente,
una oca no gaire grossa,
un pato no muy grande,

Geben Sie mir ein Pfund Hühnerbrust
Doni'm mig quilo de pit de pollastre
Déme medio kilo de pechuga de pollo

Haben Sie Leberpastete?
Té foie gras?
¿Tiene foie gras?

Haben Sie gegrillte Hähnchen?
Té pollastre rostit?
¿Tiene pollo asado?

Geben Sie mir ein ganzes Hähnchen,
Doni'm un pollastre sencer,
Déme un pollo entero,

ein halbes Hähnchen,	**ein viertel Hähnchen**
mig pollastre,	un quarter de pollastre
medio pollo,	*un cuarto de pollo*

Geben Sie mir ein Dutzent Eier
Doni'm una dotzena d'ous
Déme una docena de huevos

Ein halbes Dutzent
Mitja dotzena
Media docena

11.7 Fischhandlung. Peixateria. *Pescadería*

Haben Sie frischen Fisch?
Tenen peix fresc?
¿Tienen pescado fresco?

Welchen Fisch haben Sie?
Quina mena de peixos tenen?
¿Qué tipo de pescado tienen?

Haben Sie auch Süßwasserfisch oder nur Meeresfisch?
Tenen peix d'aigua dolça o només peixos de mar?
¿Tienen pescado de agua dulce o solo pescado de mar?

Ich hätte gerne geräucherten Hering
Voldria comprar arengs fumats
Quisiera comprar arenques ahumados

Haben Sie tiefgefrorenen Thunfisch?
Hi ha tonyina congelada?
¿Hay atún congelado?

Hat dieser Fisch viele Gräten?
Té moltes espines aquest peix?
¿Tiene muchas espinas este pescado?

Geben Sie mir vier Scheiben von diesem hier
Doni'm quatre rodanxes d'aquest
Déme cuatro rodajas de este

Den Kopf / Schwanz will ich nicht
No vull el cap / la cua
No quiero la cabeza / cola

Können sie die Schuppen entfernen?
Pot treure les escates?
¿Puede quitar las escamas?

11.8 **Kaufhaus**. Magatzem. *Almacén*

Wo ist der Eingang?	**Die Information?**
On és l'entrada?	La informació?
¿Dónde está la entrada?	*¿La información?*

Die Taschenaufbewahrung?
La consigna?
¿La consigna?

Wo sind / ist
On són
¿Dónde están

      die Aufzüge,
      els ascensors,
      los ascensores,

Die Rolltreppe,
les escales mecàniques,
las escaleras mecánicas,

die Anprobe?
els emprovadors?
los probadores?

In welchem Stock ist die Schuhabteilung?
En quina planta és la sabateria?
¿En qué planta está la zapatería?

Wo finde ich
Onsón
¿Dónde puedo encontrar

die Sportabteilung,
els articles d'esport,
los artículos de deporte,

Hundefutter?
el menjar per a gossos?
la comida para perros?

Das gibt es
Són
Está / Están

im Untergeschoß,	**im Erdgeschoß,**
al soterrani,	a la planta baixa,
en el sótano,	*en la planta baja,*

im ersten Stock
a la primera planta
en la primera planta

11.9 Kleidung, Modeartikel
Peces de vestir, articles de moda
Prendas de vestir, artículos de moda

Zeigen Sie mir ein langärmliges Hemd mit Streifen / Karos
Mostri'm una camisa de mànega llarga amb ratlles / quadres
Muéstreme una camisa de manga larga a rayas / de cuadros

Welche Größe hätten Sie gerne?
De quina talla la desitja?
¿De qué talla la desea?

Größe achtunddreißig
De la trenta-vuit
De la treinta y ocho

Welche Farbe?
De quin color?
¿De qué color?

Eine helle / dunkle Farbe
D'un color clar / fosc
De un color claro / oscuro

Das ist modern. Das ist die neueste Mode
Està de moda. Això és la darrera moda
Está de moda. Esto es la última moda

Kann ich es anprobieren?
Puc emprovar-me-la?
¿Puedo probármela?

Probieren Sie es an
Emprovi-se-la
Pruébesela

Die Anprobe ist am Ende des Raumes
Els emprovadors són al fons de la sala
Los probadores están al fondo de la sala

Wie ist es? Paßt es Ihnen?
Com és? Li queda bé?
¿Qué tal es? ¿Le queda bien?

Nein, die Ärmel sind zu kurz / lang
No, les mànigues són massa curtes / llargues
No, las mangas son demasiado cortas / largas

Die hier ist zu weit / eng
Aquesta és massa ampla / estreta
Esta es demasiado ancha / estrecha

Es ist zu klein / groß
És massa petita / gran
Es demasiado pequeña / grande

Geben Sie es mir eine Nummer kleiner / größer
Doni'm un número més petit / gran
Déme un número menor / mayor

Zeigen Sie es mir eine Nummer kleiner / größer
Ensenyi'm una talla més petita / gran
Enséñeme una talla menor / mayor

Die Farbe / der Stoff / das Modell gefällt mir nicht
No m'agrada el color / la tela / la mostra
No me gusta el color / la tela / la muestra

Was ist das für ein Stoff?
De quina tela està feta?
¿De qué tela está hecha?

Läuft er beim Waschen nicht ein?
No s'encongeix en rentar?
¿No se encoge al lavar?

Kann man ihn in der Maschine waschen?
Es pot rentar amb màquina?
¿Se puede lavar a máquina?

Färbt er nicht aus?
No perd color?
¿No pierde color?

Knittert er nicht?
No s'arruga?
¿No se arruga?

Dieser Stoff knittert nicht, er ist bügelfrei
És una tela que no s'arruga, no cal planxar-la
Es una tela inarrugable, no hay que plancharla

Er muß chemisch gereinigt werden
Només es pot rentar en sec
Solo se puede lavar en seco

11.10 **Schuhgeschäft, Schuhe**
Sabateria, sabates. Calçat
Zapatería, zapatos. Calzado

Ich hätte gerne ein Paar Lederschuhe
Voldría comprar un parell de sabates de cuiro
Quisiera comprar un par de zapatos de cuero

Welche Schuhgröße haben Sie?
Quin número calça?
¿Qué número calza?

Zweiundvierzig
El quaranta-dos
El cuarenta y dos

Welche Farbe soll es sein?
De quin color les desitja?
¿De qué color los desea?

Schwarz oder grau
Negre o gris
Negro o gris

Sie sind sehr modern
Estan molt de moda
Están muy de moda

Passen sie Ihnen?
Li queden bé?
¿Le quedan bien?

Sie sind mir zu groß / klein
Em van massa grans / petites
Me son demasiado grandes / pequeños

Die hier sind eine Nummer kleiner
Aquestes són un número més petit / gran
Estos son de un número menor / mayor

Diese hier passen gut
Aquestes ja em van bé
Estos ya me van bien

Probieren Sie diese hier an
Emprovi's aquestes
Pruébese estos

Hier haben Sie den Schuhlöffel
Aquí té el calçador
Aquí tiene el calzador

Sie drücken
M'estrenyen
Me aprietan

Ich nehme sie
Me les quedo
Me los quedo

11.11 Dienstleistungen, Reparaturen
Serveis, reparacions
Servicios, reparaciones

Wo finde ich jemanden, der Schuhe, Uhren, Elektrogeräte repariert?
On puc trobar una persona que repari sabates / rellotges / electrodomèstics?
¿Dónde puedo encontrar una persona que arregle zapatos / relojes / electrodomésticos?

Unsere Kaffeemaschine   **Die Heizung**
La nostra cafetera   La calefacció
Nuestra cafetera   *La calefacción*

Meine Uhr   **ist kaputt**
El meu rellotge   s'ha espatllat
Mi reloj   *se ha estropeado*

Er / sie / es funktioniert nicht
No funciona
No funciona

Können Sie ihn / sie / es reparieren?
Pot reparar-lo / reparar-la?
¿Puede arreglarlo / arreglarla?

Machen Sie Wasser-, Gas- und Elektroinstalationen bzw. Reparaturen?
Fa instal·lacions i reparacions d'aigua, gas i electricitat?
¿Hace instalaciones y reparaciones de agua, gas y electricidad?

Wann können Sie kommen?
Quan pot venir?
¿Cuándo puede venir?

Können Sie nicht vorher kommen?
No podria venir abans?
¿No podría venir antes?

Geben Sie mir Ihre Telefonnummer
Doni'm el seu número de telèfon
Déme su número de teléfono

Hier haben Sie meine Karte
Aquí té la meva targeta
Aquí tiene mi tarjeta

11.12 Blumengeschäft. Blumen
Floristeria. Flors
Floristería. Flores

Wie heißt diese Blume?
Com es diu aquesta flor?
¿Cómo se llama esta flor?

Geben Sie mir einen Strauß
Doni'm un ram / pom
Déme un ramo / ramillete

Wieviel kostet ein Strauß Nelken / Rosen?
Quant val un ram de clavells / roses?
¿Cuánto cuesta un ramo de claveles / rosas?

Machen Sie bitte
Prepari, sisplau,
Prepare, por favor,

      einen Brautstrauß,
      un ram de núvia,
      un ramo de novia,

      einen Kranz
      una corona de flors
      una corona de flores

Schicken Sie die Blumen bitte an diese Adresse
Tingui la bondat d'enviar les flors a aquesta adreça
Tenga la bondad de enviar las flores a esta dirección

Legen Sie diese Karte bei
Posi-hi aquesta targeta
Ponga esta tarjeta

Haben Sie
Teniu
¿Tienen

Blumenerde,
terra per a flors,
tierra para flores,

Dünger,   **Blumentöpfe,**
adob,   testos,
abono,   *macetas,*

Blumensamen?
llavors de flors?
semillas de flores?

11.13 Juwelier. Schmuck, Modeschmuck
Joieria. Joies, bijuteria
Joyería. Joyas, bisutería

Ich hätte gerne ein Schmuckstück
Voldria comprar alguna joia
Quisiera comprar alguna joya

Zeigen Sie mir eine goldene Uhr,
Ensenyi'm un rellotge d'or,
Enséñeme un reloj de oro,

eine Goldkette,   **einen Goldring**
una cadena d'or,   un anell d'or
una cadena de oro,   *un anillo de oro*

Ich hätte gerne etwas Einfacheres
Voldria una cosa més senzilla
Quisiera algo más sencillo

Das ist zu teuer   **Es ist aus echtem Gold**
Aquesta és massa cara   És d'or de llei
Ésta es demasiado cara   *Es de oro de ley*

Es ist aus Silber
És d'argent
Es de plata

Es ist vergoldet / versilbert
És daurat / argentat
Es dorado / plateado

Wieviel Karat hat es?
De quants quirats és?
¿De cuántos quilates es?

Wir hätten gerne Trauringe
Voldríem comprar aliances
Quisiéramos comprar alianzas

Ich suche einen Ring mit einem Edelstein
Busco un anell amb alguna pedra preciosa
Busco un anillo con alguna piedra preciosa

11.14 **Andenken**. Records. *Recuerdos*

Ich suche ein Andenken aus Katalonien / Spanien
Busco records de Catalunya / d'Espanya
Busco recuerdos de Cataluña / de España

Zeigen Sie mir ein paar
Ensenyi'm articles
Enséñeme artículos de

> **Keramikartikel,**
> de ceràmica,
> *cerámica,*

> **Goldschmiedearbeiten,**   **Lederwaren,**
> d'orfebreria,   de marroquineria,
> *orfebrería,*   *marroquinería,*

> **Modeschmuckstücke,**
> de bijuteria,
> *bisutería,*

> **Silberschmiedearbeiten**
> d'argenteria
> *platería*

Haben Sie alte Münzen?
Té monedes antigues?
¿Tiene monedas antiguas?

Ich würde gerne etwas Kunsthandwerk kaufen:
Voldria comprar uns objectes d'artesania popular:
Quisiera comprar unos objetos de artesanía popular:

Stickereien,	**Spitzen,**
brodats,	puntes de coixí,
bordados,	*encajes,*
Kastagnetten,	**Statuen,**
castanyoles,	estàtues,
castañuelas,	*estatuas,*
eine Spitzenmantille,	
mantellina de puntes,	
mantilla de encaje,	
Holzfiguren,	**ein Bild**
figuretes de fusta,	un quadre
figuritas de madera,	*un cuadro*

Haben Sie Schallplatten mit katalanischer / spanischer Volksmusik?
Té discos de música popular catalana / espanyola?
¿Tiene discos de música popular catalana / española?

Gibt es hier in der Nähe ein Antiquitätengeschäft?
Hi ha per aquí una botiga d'antiguitats?
¿Hay por aquí una tienda de antigüedades?

11.15 **Geschenke. Spielzeug**
Regals. Joguines
Regalos. Juguetes

Ich hätte gerne ein Geschenk für meine Frau / Kinder / meinen Mann
Voldria comprar algun regal per a la meva dona / al meu marit / als meus fills
Quisiera comprar algún regalo para mi mujer / mi marido / mis hijos

Schauen Sie sich die Ware auf dem Ladentisch an
Miri els articles que hi ha sobre el taulell
Mire los artículos que hay sobre el mostrador

Sie werden sicher etwas finden, das Ihnen gefällt
Segurament trobarà alguna cosa que li agradi
Seguramente encontrará algo que le guste

Ich hätte gerne ein paar Spielsachen für ein dreijähriges Mädchen und einen fünfjährigen Jungen
Voldria comprar algunes joguines per a una nena de tres anys i per a un nen de cinc
Quisiera comprar algunos juguetes para una niña de tres años y para un niño de cinco

Haben Sie Gesellschaftsspiele?
Tenen jocs de societat?
¿Tienen juegos de sociedad?

Zeigen Sie mir eine Puppe und ein Spielzeugauto
Mostri'm una nina i un cotxet
Muéstreme una muñeca y un cochecito

Ist es batteriebetrieben?
Funciona amb piles?
¿Funciona con pilas?

Geben Sie mir einen Ball und einen Roller
Doni'm una pilota i un patí de rodes
Déme una pelota / un balón y un patín de ruedas

Haben Sie Sportartikel?
Té articles d'esport?
¿Tiene artículos de deporte?

Haben Sie Tennisschläger?
Té raquetes de tennis?
¿Tiene raquetas de tenis?

11.16 Zeitungsstand. Buchhandlung
Quiosc. Llibreria
Quiosco. Librería

Ist die Morgen- / Abendausgabe schon herausgekommen?
Han sortit ja els periòdics del matí / de la tarda?
¿Han salido ya los periódicos de la mañana / de la tarde?

Zeigen Sie mir bitte eine englische oder eine deutsche Zeitung
Ensenyi'm, sisplau, un diari anglès o alemany
Enséñeme, por favor, un periódico inglés o alemán

Geben Sie mir eine Zeitung in katalanischer Sprache
Doni'm un diari en català
Déme un periódico en catalán

Sind in dieser Zeitung Kreuzworträtsel, Theater- und Kinoprogramme?
Hi ha en aquest periòdic mots encreuats, cartellera de teatre i de cine?
¿Hay en este periódico crucigramas, cartelera de teatro y de cine?

Wo gibt es hier in der Nähe eine Buchhandlung?
On hi ha per aquí una llibreria?
¿Dónde hay por aquí una librería?

Ich hätte gerne ein Buch auf Katalanisch / Spanisch
Voldria comprar un llibre en català / espanyol
Quisiera comprar un libro en catalán / español

Haben Sie englische / deutsche Übersetzungen katalanischer Romane?
Teniu novel·les catalanes en traducció anglesa / alemanya?
¿Tienen novelas catalanas en traducción inglesa / alemana?

Welches Thema interessiert Sie?
Quin tema l'interessa?
¿Qué tema le interesa?

Zeigen Sie mir Bücher über
Ensenyi'm llibres sobre
Enséñeme libros sobre

Architektur, arquitectura, *arquitectura,*	**Malerei,** pintura, *pintura,*
Sehenswürdigkeiten, monuments, *monumentos,*	
Folklore, folklore, *folclore,*	**Bildhauerei,** escultura, *escultura,*

die Olympiade,
l'olimpíada,
la olimpíada,

Miró und Dalí
Miró i Dalí
Miró y Dalí

Ich möchte
Vull
Quiero

ein Buch über katalanische Kunstgeschichte,
una història de l'art català,
una historia del arte catalán,

ein Buch über die Geschichte Kataloniens,
un llibre sobre la història de Catalunya,
un libro sobre la historia de Cataluña,

eine Anthologie der spanischen Literatur,
una antologia de la literatura espanyola,
una antología de la literatura española,

ein deutsch-katalanisches Wörterbuch
un diccionari alemany - català
un diccionario alemán- catalán

Wo finde ich
On trobo
¿Dónde encuentro

Geschichten für Kinder, **Führer?**
rondalles per a nens, guies?
cuentos infantiles, *guías?*

Haben Sie kein anderes Exemplar,
Podria ensenyar-me un altre exemplar,
¿Podría enseñarme otro ejemplar,

eine neuere Ausgabe?
una edició més recent?
una edición más reciente?

Verkaufen Sie
Veneu
¿Venden

    Schallplatten,   **Kassetten,**
    discos,   cassettes,
    discos,   *casetes,*

    Noten,   **gebrauchte Bücher,**
    partitures,   llibres de vell,
    partituras,   *libros usados,*

    Lehrbücher?
    llibres de text?
    libros de texto?

11.17   Tabakladen. Estanc. *Estanco*

Geben Sie mir ein Päckchen Zigaretten
Doni'm un paquet de cigarretes
Déme un paquete de cigarrillos

Geben Sie mir eine Schachtel Streichhölzer
Doni'm una capsa de mistos / llumins
Déme una caja de cerillas

Haben Sie Feuerzeugbenzin?
Té gasolina per a l'encenedor?
¿Tiene gasolina para el encendedor / mechero?

Haben Sie Feuersteine?
Té pedres per a l'encenedor?
Tiene piedras para el mechero?

Können Sie mir dieses Gasfeuerzeug auffüllen?
Pot carregar-me aquest encenedor de gas?
¿Puede cargarme este mechero de gas?

Zeigen Sie mir ein paar Pfeifen
Ensenyi'm unes pipes
Enséñeme unas pipas

Geben Sie mir Postkarten und Briefmarken
Doni'm postals i segells
Déme postales y sellos

Geben Sie mir fünfundzwanzig Briefumschläge
Doni'm vint-i-cinc sobres
Déme veinticinco sobres

Rauchen Sie?
Vostè fuma?
¿Fuma usted?

Ich rauche nicht
No fumo
No fumo

Ich rauche viel
Fumo molt
Fumo mucho

Stört es Sie, wenn ich rauche?
No li molesta si fumo?
¿No le molesta si fumo?

Stört Sie der Rauch?
No li molesta el fum?
¿No le molesta el humo?

Haben Sie Feuer?
Té foc?
¿Tiene fuego?

Danke, -für das Feuer
Gràcies, -pel foc
Gracias, -por el fuego

11.18 Uhrmacher. Rellotgeria. *Relojería*

Meine Uhr ist stehengeblieben
El meu rellotge s'ha aturat
Se me ha parado el reloj

Ich glaube, sie ist kaputt
Crec que s'ha espatllat
Creo que se ha estropeado

Meine Uhr geht täglich drei Minuten vor / nach
El meu rellotge va avançat / endarrerit tres minuts per dia
Mi reloj va adelantado / atrasado tres minutos por día

Sehen Sie bitte mal nach
Miri'm què té
Mírelo qué tiene

Können Sie sie reparieren?
Pot reparar-lo?
¿Puede arreglarlo?

Wieviel wird die Reparatur kosten?
Quant costarà la reparació?
¿Cuánto costará la reparación?

Wann kann ich sie wieder abholen?
Quan puc venir a recollir-lo?
¿Cuándo puedo venir a recogerlo?

Schon erledigt
Ja està
Ya está

Stellen Sie bitte die Uhr
Posi'l a l'hora, sisplau
Ponga, por favor, la hora, Póngalo en hora

Geben Sie mir ein Uhrarmband, - aus Leder, aus Metall
Doni'm una corretja , -de pell, de metall
Déme una correa , -de cuero, de metal

Wechseln Sie die Batterie
Canviï-li la pila
Cámbiele la pila

11.19 Optiker. Optik. Òptic. Òptica. *Óptico. Óptica*

Meine Brille ist kaputt
Se m'han trencat les ulleres
Se me han roto las gafas

Das Gestell ist mir zerbrochen
Se m'ha trencat la muntura
Se me ha roto la montura

Können Sie sie reparieren?
Pot arreglar-les?
¿Puede arreglarlas?

Können Sie es reparieren?
Pot arreglar-la?
¿Puede arreglarla?

Ich brauche ein neues Gestell
Necessito una muntura nova
Necesito una montura nueva

Geben Sie mir ein Brillenetui
Doni'm un estoig d'ulleres
Déme un estuche de gafas

Haben Sie Sonnenbrillen?
Té ulleres de sol?
¿Tiene gafas de sol?

Ich benötige Bifokalgläser
Necessito vidres bifocals
Necesito cristales bifocales

Haben Sie weiche / harte Kontaktlinsen?
Té lents toves / dures?
¿Tiene lentillas blandas / duras?

Ich bin kurzsichtig
Sóc miop
Soy miope

Ich benötige Gläser mit fünf Dioptrien
Necessito vidres de cinc diòptries
Necesito cristales de cinco dioptrias

Zeigen Sie mir
Ensenyi'm
Enséñeme

    ein Barometer,   **ein Mikroskop,**
    un baròmetre,   un microscopi,
    un barómetro,   *un microscopi,*

    einen Kompaß,
    una brúixola / búixola,
    una brújula,

ein Fernglas,
uns prismàtics / binocles,
unos prismáticos,

ein paar Lupen,
unes lents d'augment,
unos lentes de aumento,

ein Teleskop
un telescopi
un telescopio

11.20 **Photograf. Photo.** Fotògraf. Foto. *Fotógrafo. Foto*

Haben Sie ein Photolabor?
Tenen laboratori fotogràfic?
¿Tienen laboratorio fotográfico?

Haben Sie ein Videolabor?
Tenen laboratori de vídeo?
¿Tienen laboratorio de vídeo?

Machen Sie Studioaufnahmen?
Fan fotografies d'estudi?
¿Hacen fotografías de estudio?

Reparieren Sie Photoapparate?
Reparen màquines fotogràfiques?
¿Arreglan máquinas fotográficas?

Entwickeln Sie Farbfilme?
Revelen fotografies en color?
¿Revelan fotografías en color?

Machen Sie Vergrößerungen?
Fan ampliacions?
¿Hacen ampliaciones?

Ich brauche dringend Paßphotos
Necessito urgentment fotos de carnet
Necesito urgentemente fotos de carnet

Gibt es hier in der Nähe einen Paßbildautomaten?
On hi ha per aquí un fotomaton?
¿Dónde hay por aquí un fotomatón?

Entwickeln Sie bitte diesen Film
Reveli, sisplau, aquest rodet
Revele, por favor, este rollo

Machen Sie zwei Abzüge von jedem Photo / Negativ
Faci dues còpies de cada foto / negatiu
Haga dos copias de cada foto / negativo

Wann werden sie fertig sein?
Quan el tindrà?
¿Para cuándo lo tendrá?

Geben Sie mir drei
Doni'm tres rodets de
Déme tres rollos de

> **Farbfilme,**
> pel·lícula en color,
> *película en color,*

> **Schwarzweißfilme,**
> pel·lícula en blanc i negre,
> *película en blanco y negro,*

> **Diafilme (in Farbe)**
> pel.lícula en color per a diapositives
> *película en color para diapositivas*

11.21 **Parfümerie. Drogerie**
Perfumeria. Drogueria
Perfumería. Droguería

Zeigen Sie mir bitte ein gutes Parfüm
Ensenyi'm un bon perfum, sisplau
Enséñeme, por favor, un buen perfume

Das hier ist zu intensiv
Aquest és massa fort
Este es demasiado fuerte

Ich hätte gerne ein diskreteres Parfüm
Volia un perfum més discret
Quería un perfume más discreto

Es ist für eine ältere Dame
És per a una senyora gran
Es para una señora mayor

Welches Kölnisch Wasser haben Sie?
Quina colònia té?
¿Qué colonia tiene?

Ist das eine hiesige Marke?
Aquesta és una marca d'aquí?
¿Esta es una marca de aquí?

Geben Sie mir eine Nachtcreme für trockene / fette / empfindliche Haut
Doni'm una crema de nit per a cutis sec / gras / fi
Déme una crema de noche para cutis seco / graso / fino

Geben Sie mir ein Kompaktpuder
Doni'm un maquillatge compacte
Déme un maquillaje compacto

11.22 Friseur. Allgemeines
Perruqueria. Generalitats
Peluquería. Generalidades

Wo ist hier in der Nähe ein guter Herren- / Damen- / Kinder- / Damen- und Herrenfriseur?
On hi ha aquí una bona perruqueria de senyors / senyores / nens / perruqueria unisex?
¿Dónde hay aquí una buena peluquería de señores / señoras / niños / peluquería unisex?

Kannst du mir einen guten Friseur / eine gute Friseuse empfehlen?
Pots recomanar-me un bon perruquer / una bona perruquera?
¿Puedes recomendarme un buen peluquero / una buena peluquera?

Hier gibt es einen hervorragenden Friseur. Ich gehe auch zu ihm
Prop d'aquí hi ha una perruqueria excel·lent. Jo també acostumo anar-hi
Aquí cerca hay una peluquería excelente. Yo también suelo ir allá

Hallo. Schneider ist mein Name
Escolti'm. Sóc la senyora Schneider
Oiga. Soy la señora Schneider

Ich hätte gerne für morgen einen Termin
Voldria demanar una hora per demà
Quisiera pedir una hora para mañana

Gut. Morgen früh um zehn
Està bé. Demà a les deu del matí
Está bien. Mañana a las diez de la mañana

Danke. Bis morgen
Gràcies. Fins demà
Gracias. Hasta mañana

11.23 **Herrensalon**
Perruqueria masculina
Peluquería masculina

Was wünscht der Herr?
Què desitja el senyor?
¿Qué desea el señor?

Haareschneiden und Rasieren
Un tallat de cabells i afaitat
Un corte de pelo y afeitado

Waschen Sie mir die Haare
Renti'm els cabells
Láveme el pelo

Rasieren bitte
Afaiti'm, sisplau
Aféiteme, por favor

Soll ich Ihnen die Haare nachschneiden?
Li tallo una mica els cabells?
¿Le corto un poco el pelo?

Ja, aber bitte nicht zu kurz
Si, però no molt curts, sisplau
Sí, por favor, pero no muy corto

Vorne / hinten können sie länger bleiben
Al davant / Al darrere pot quedar més llarg
Delante / Detrás puede quedar más largo

Lassen Sie sie hinten länger
Al darrere deixi'ls més llargs
Detrás déjelo más largo

Schneiden Sie sie an den Seiten kürzer
Talli més pels costats
Corte más por los lados

Wie soll ich Ihnen die Haare kämmen?
Com li pentino els cabells?
¿Cómo le peino el pelo?

Nach hinten oder auf die Seite?
Cap endarrere o al costat?
¿Hacia atrás o al / de lado?

Nach hinten, ohne Scheitel
Cap endarrere, sense ratlla
Hacia atrás, sin raya

Möchten Sie etwas Haarwasser?
Li poso loció?
¿Le pongo loción?

Machen Sie sie nicht naß
No els mulli
No lo moje

Ist es gut so?
Està bé, aixi?
¿Está bien, así?

Wunderbar. Danke
Perfecte, gràcies
Perfecto, gracias

Was macht das?
Què li dec?
¿Cuánto le debo?

11.24 Damensalon
Perruqueria de senyores
Peluquería de señoras

Womit kann ich Ihnen dienen, meine Dame?
Quin servei desitja, senyora?
¿Qué servicio desea, señora?

Waschen und Legen bitte
Rentar i marcar, sisplau
Lavar y marcar, por favor

Einen Haarschnitt / eine Dauerwelle / Maniküre
Un tallat de cabells / una permanent / una manicura
Un corte de pelo / una permanente / una manicura

Ich hätte gerne eine andere Frisur
Voldria un pentinat diferent
Quisiera un peinado diferente

Möchten Sie Haarspray?
Li poso laca?
¿Le pongo laca?

Könnten Sie mir die Haare färben?
Podria tenyir-me els cabells?
¿Podría teñirme em pelo?

Möchten Sie wieder dieselbe Farbe?
Desitja el mateix color?
¿Desea el mismo color?

Ein bißchen heller / dunkler
Una mica més clar / fosc
Un poco más claro / oscuro

Au! Das Wasser ist sehr heiß
Ai! L'aigua és molt calenta
¡Ay! El agua está muy caliente

Das Wasser ist zu kalt
L'aigua és massa freda
El agua está demasiado fría

Mir jucken die Augen
Em piquen els ulls
Me pican los ojos

Zupfen Sie mir die Augenbrauen
Depili'm les celles
Depíleme las cejas

Machen Sie Haarentfernung?
Fan depilació?
¿Hacen depilación?

Möchten Sie Maniküre?
Desitja manicura?
¿Desea manicura?

Ja, und lackieren Sie mir die Nägel
Sí, i posi esmalt també
Sí, y ponga esmalte también

Danke, was macht das alles zusammen?
Gràcies, quant li dec per tot?
Gracias, ¿cuánto le debo por todo?

Können Sie mir einen guten Fußpfleger empfehlen?
Pot recomanar-me un bon callista?
¿Puede recomendarme un buen callista?

11.25 **Geldumtausch. Bank**
Canvi de diner. Banc
Cambio de dinero. Banco

Gibt es hier in der Nähe eine Bank,
On hi ha per aquí un banc,
¿Dónde hay por aquí un banco,

eine Bankfiliale?
una sucursal de banc?
una sucursal de banco?

Wo kann ich Geld wechseln?
On puc canviar , -diner?
¿Dónde puedo cambiar , -dinero?

Gehen Sie zur Kasse, Schalter drei
Passi a caixa, a la finestreta número tres
Pase a caja, a la ventanilla número tres

Ich würde gerne hundert Dollar in Peseten wechseln
Voldria canviar cent dólars a pessetes
Quisiera cambiar cien dólares a pesetas

Können Sie mir fünftausend Peseten in Schweizer Franken wechseln?
Podria canviar-me cinc mil pessetes en francs suïssos?
¿Podría cambiarme cinco mil pesetas en francos suizos?

Wieviele Peseten bekomme ich für ein englisches Pfund?
Quantes pessetes em donen per una lliura esterlina?
¿Cuántas pesetas me dan por una libra esterlina?

Wie steht der Wechselkurs des US Dollars, der Deutschen Mark, des französischen Franken?
Com és el canvi del dòlar EUA, marc alemany, franc francès?
¿Cómo es el cambio del dólar USA, marco alemán, franco francés?

Würden Sie mir diesen Zehntausendpesetenschein wechseln?
Podria canviar-me aquest bitllet de deu mil pessetes?
¿Podría cambiarme este billete de diez mil pesetas?

Geben Sie mir bitte kleine Scheine
Doni'm bitllets petits, sisplau
Déme billetes pequeños, por favor

Geben Sie mir auch Kleingeld
Doni'm també canvi / moneda fraccionària
Déme también suelto / moneda fraccionaria

Ich würde gerne diesen Reisescheck einlösen
Voldria cobrar / canviar aquest xec de viatge
Quisiera cobrar / cambiar este cheque de viaje

Ich möchte einen Überbringerscheck einlösen
Voldria cobrar un xec al portador
Quisiera cobrar un cheque al portador

Ist Geld, eine Überweisung für mich angekommen?
Ha arribat diner, una transferència per a mi?
¿Ha llegado dinero, una transferencia para mí?

Auf welchen Namen?
A nom de qui?
¿A nombre de quién?

Ihren Paß, Ihre Papiere bitte
El seu passaport, els seus documents, sisplau
Su pasaporte, sus documentos, por favor

Unterschreiben Sie hier
Firmi / signi aquí
Firme aquí

11.26 **Post. Allgemeines**
Correus. Generalitats
Correos. Generalidades

Wo ist das nächste Postamt?
On hi ha per aquí una oficina de correus?
¿Dónde hay por aquí un oficina de correos?

Wie komme ich zur Hauptpost?
Com puc anar a la central de correus?
¿Cómo puedo ir a la central de correos?

Gibt es hier einen Briefkasten?
Hi ha a la vora d'aquí una bústia?
¿Hay cerca de aquí un buzón?

Wo kann ich ... kaufen
On puc comprar
¿Dónde puedo comprar

       Briefmarken,   **Briefumschläge,**
       segells,   sobres,
       sellos,   *sobres,*

       Postkarten,
       postals,
       postals,

       Briefpapier?
       paper de cartes?
       papel de carta?

Das bekommen Sie auch im Tabakladen
En pot trobar també a l'estanc
Los puede encontrar también en el estanco

Ist die Post schon abgeholt worden?
Han recollit ja les cartes?
¿Han recogido ya las cartas?

Ist Post für mich da?
Tinc correspondència?
¿Tengo correspondencia?

Ja, es ist ein Brief für Sie da
Sí, té una carta
Sí, tiene una carta

Senden Sie mir meine Post bitte an diese Adresse nach
Remeteu, sisplau, la meva correspondència a aquesta adreça
Remitan, por favor, mi correspondencia a esta dirección

11.27 **Auf der Post. Im Postamt**
A correus. A l'oficina de correus
En correos. En la oficina de correos

Entschuldigen Sie, wo werden Briefmarken verkauft?
Perdoni, on venen segells?
Perdone, ¿dónde venden sellos?

Am Schalter fünf
A la finestreta número cinc
En la ventanilla número cinco

Ich möchte ... nach Frankreich schicken
Voldria enviar a França
Quisiera enviar a Francia

ein Einschreiben,
una carta certificada,
una carta certificada,

ein Paket, **Geld,**
un paquet, diners,
un paquete, *dinero,*

ein Telegramm, **ein Telex,**
un telegrama, un tèlex,
un telegrama, *un télex,*

ein Telefax / Fax
un telefax / fax
un telefax / fax

Geben Sie mir bitte ein Formular für ein Einschreiben
Doni'm, sisplau, un imprès per a correu certificat
Déme, por favor, un impreso para correo certificado

Wieviel kostete das Porto für diese Briefe nach Deutschland
Quant costa el franqueig per a Alemanya d'aquestes cartes per correu
¿Cuánto cuesta el franqueo para Alemania de estas cartas por correo

per Luftpost, **normal,**
aeri, normal,
aéreo, *normal,*

per Einschreiben,
certificat,
certificado,

per Einschreiben und Eilpost?
urgent certificat?
urgente certificado?

Schreiben Sie bitte den Absender hin
Posi el remitent, sisplau
Ponga, por favor, el remitente

Die Adresse ist nicht korrekt **Die Postleitzahl fehlt**
L'adreça no és exacta Manca el codi postal
La dirección no es exacta *Falta el código postal*

Schauen Sie bitte nach, ob postlagernd Briefe für mich da sind?
Mireu, sisplau, si tinc cartes a la llista de correus
Mire, por favor, si tengo cartas en la lista de correos

Ich wurde benachrichtigt, daß ein Paket für mich gekommen ist
He rebut un avís d'un paquet
He recibido un aviso de un paquete

Welche Papiere brauche ich, um es abzuholen?
Quin document necessito per a retirar-lo / recollir-lo?
¿Qué documento necesito para retirarlo / recogerlo?

Ich habe meinen Paß nicht dabei
No porto el meu passaport
No llevo mi pasaporte

Ich möchte ... schicken
Voldria enviar
Quisiera enviar

      ein Telegramm,
      un telegrama
      un telegrama

      ein Telex nach Deutschland
      un tèlex a Alemanya
      un télex a Alemania

Welches Formular muß ich ausfüllen?
Quin imprès he d'omplir?
¿Qué impreso tengo que rellenar?

Wieviel kostet ein Wort?
Quant costa una paraula?
¿Cuánto cuesta una palabra?

Wann wird es in Berlin ankommen?
Quan arribarà a Berlín?
¿Cuándo llegará a Berlín?

Werden sie es heute noch bekommen?
El rebran avui?
¿Lo recibirán hoy?

11.28 **Telefon.** Telèfon. *Teléfono.*

Wie kann ich von meinem Zimmer aus telefonieren?
Com puc trucar des de la meva habitació?
¿Cómo puedo llamar desde mi habitación?

Um mit einem anderen Zimmer zu telefonieren, wählen Sie die Zimmernummer des gewünschten Zimmers an
Per comunicar entre habitacions marqui el número de l'habitació que desitja
Para comunicar entre habitaciones marque el número de la habitación deseada

Die wichtigsten Rufnummern - Durchwahl zum Netz, Rezeption, Zeitansage, Information, - finden Sie auf einer Liste in Ihrem Zimmer
Els més importants números de telèfon -línia exterior / directa, recepció, hora exacta, informació, els trobarà indicats a la seva habitació
Los más importantes números de teléfono -línea exterior / directa, recepción, hora exacta, información, los encontrará indicados en su habitación

Hier haben Sie die Telefonbücher
Aquí té les guies telefòniques
Aquí tiene las guías telefónicas

Wo gibt es ein öffentliches Telefon / eine Telefonzelle?
On hi ha un telèfon públic / una cabina telefònica?
¿Dónde hay un teléfono público / una cabina telefónica?

Ich möchte ins Ausland / nach Deutschland telefonieren
Voldria fer una telefonada a l'estranger / a Alemanya
Quisiera hacer una llamada al extranjero / a Alemania

Wie teuer ist ein Gespräch nach Deutschland pro Minute?
Quant val un minut amb Alemanya?
¿Cuánto cuesta un minuto con Alemania?

Ab wieviel Uhr gilt der Nachttarif?
Des de quina hora hi ha tarifa nocturna?
¿A partir de qué hora hay tarifa nocturna?

Ein R-Gespräch bitte
Una telefonada amb cobrament revertit, sisplau
Por favor, una conferencia a cobro revertido

Hier ist die Nummer, die ich anrufen möchte
Aquest és el número de la persona amb qui vull parlar
Este es el número de la persona con quien quiero hablar

Es nimmt niemand ab
No contesten
No contestan

Es ist besetzt
Està comunicant
Está comunicando

Die Leitung ist besetzt
La línia està ocupada
La línea está ocupada

Das Gespräch ist unterbrochen worden
S'ha interromput la telefonada
Se ha interrumpido la conferencia / llamada

Rufen Sie bitte später wieder an
Truqui-li més tard, sisplau
Vuelva a llamarlo más tarde, por favor

Annullieren Sie bitte diesen Anruf
Anul·li, sisplau, la telefonada
Anule, por favor, la llamada / conferencia

11.29 **Telefonanruf**. Telefonada. *Llamada telefónica*

Hallo!
Escolti'm
¡Oigame!

Ja, bitte
Digui'm
¡Dígame!

Bist du's Maria?
Ets tu, Maria?
¿Eres tú, María?

Ja, ich bin's
Sí, sóc jo
Sí, soy yo

Ist Hans da?
Hi és, en Hans?
¿Está Hans?

Entschuldigen Sie, aber ich glaube, Sie sind falsch verbunden
Perdoni, però em sembla que s'equivoca
Perdone, pero me parece que se equivoca

Spreche ich mit Herrn Ribot?
És la casa del senyor Ribot?
¿Es la casa del señor Ribot?

Nein, Sie haben sich verwählt
No. S'ha equivocat
No, se ha equivocado

Sie haben falsch gewählt
Ha marcat malament
Ha marcado mal

Entschuldigen Sie, ich habe mich verwählt
Perdoni, m'he equivocat
Perdone, me he equivocado

Danke
Gràcies
Gracias

Hallo. Ist dort die Universität?
Escolti'm, és la universitat?
Oiga, ¿es la universidad?

Apparat hundertundzwanzig bitte
L'extensió cent vint, sisplau
La extensión ciento veinte, por favor

Einen Moment bitte
Esperi, sisplau
Espere, por favor

Ich möchte bitte Herrn Ribot sprechen
Voldria parlar amb el senyor Ribot
Quisiera hablar con el señor Ribot

Wer ist am Apparat bitte?   **Ein Freund**
De part de qui?   D'un amic
¿De parte de quién?   *De un amigo*

Einen Moment, bitte bleiben Sie am Apparat
Un moment, no pengi
Un momento, no cuelgue

Einen Moment. Ich verbinde
Ara s'hi posa. Ara li passo
En seguida se pone. Ahora se lo paso

Er spricht gerade am anderen Apparat
Està parlant per un altre telèfon
Está hablando por otro teléfono

Er ist gerade nicht in seinem Büro
Ha sortit del seu despatx
Ha salido de su despacho

Rufen Sie in zehn Minuten wieder an
Truqui-li de nou al cap de deu minuts
Llámelo de nuevo dentro de diez minutos

Er ist nicht da. Rufen Sie später wieder an
Ara no hi és. Truqui-li més tard
Ahora no está. Llámele más tarde

Mit wem spreche ich bitte?
Perdoni, amb qui parlo?
Perdone, ¿con quién hablo?

Wie ist Ihr Name bitte
El seu nom, sisplau
Su nombre, por favor

Bitte sprechen Sie
Tingui la bondat de parlar
Tenga la bondad de hablar

lauter,	**langsamer**
més alt,	més lentament
más alto,	*más despacio*

Wollen Sie ihm eine Nachricht hinterlassen?
Vol deixar-li un encàrrec?
¿Quiere dejarle un recado?

Die Verbindung ist sehr schlecht
Se sent molt malament
Se oye -escucha muy mal

Sagen Sie ihm, daß ein deutscher Freund angerufen hat
Digui-li que ha trucat un amic alemany
Dígale que ha llamado un amigo alemán

Unter welcher Nummer kann er Sie erreichen?
A quin número pot trucar-li?
¿A qué número puede llamarle?

Rufen Sie mich unter der Nummer 321 54 76 an
Truqui'm al número 321 54 76
Llámeme al número 321 54 76

11.30 Ferngespräche, Inland
Telefonades interurbanes, nacionals
Llamadas interurbanas, nacionales

Wenn Sie innerhalb einer Provinz telefonieren wollen, können Sie die Nummer direkt wählen
Si el telèfon amb què vol parlar és de la mateixa província, pot marcar el número directament
Si el teléfono con el que quiere hablar es de la misma provincia, puede marcar el número directamente

Geht der Anruf in eine andere Provinz, wählen Sie zuerst die Vorwahl
Si és d'una altra província marqui primer l'indicatiu / el codi territorial
Si es de otra provincia, marque primero el indicativo / el código territorial

Automatisch vermittelte Auslandsgespräche
Telefonades internacionals automàtiques
Llamadas internacionales automáticas

Beispiel: Anschluß 53 45 67 in Bonn
Exemple: abonat 53 45 67 de Bonn
Ejemplo: abonado 53 45 67 de Bonn

07 Vorwahl für den Anschluß ans internationale Netz
07 accés al servei internacional
07 acceso a la red internacional

Auf das Freizeichen warten
Esperar el segon to
Esperar el segundo tono

228 Vorwahl für Bonn
228 indicatiu de Bonn
228 indicativo de Bonn

49 Vorwahl für Deutschland
49 indicatiu d'Alemanya
49 indicativo de Alemania

53 45 67 Nummer des Teilnehmers
53 45 67 número de l'abonat
53 45 67 número del abonado

12   GESUNDHEIT. SALUT. *SALUD*

12.1   Apotheke. Farmàcia. *Farmacia*

Wo ist die nächste
On hi ha aquí una
¿Dónde hay aquí una

> **Apotheke,**
> farmàcia,
> *farmacia,*
>
> **Apotheke, die heute Notdienst hat?**
> farmàcia de guàrdia?
> *farmacia de guardia?*

Geben Sie mir bitte etwas gegen
Doni'm, sisplau, una cosa contra
Por favor, déme algo contra

> **Schlaflosigkeit,**
> l'insomni,
> *el insomnio,*
>
> **Zahnschmerzen,**
> el mal de queixal,
> *el dolor de muelas,*
>
> **Erkältung,**
> el refredat,
> *el resfriado,*
>
> **Schwindel**
> el mareig
> *el mareo*

> **Kopfschmerzen,**
> el mal de cap,
> *el dolor de cabeza,*
>
> **Durchfall,**
> la diarrea,
> *la diarrea,*
>
> **Schnupfen,**
> el constipat,
> *el constipado,*

Geben Sie mir einen Hustensaft
Doni'm algun xarop contra la tos
Déme algún jarabe contra la tos

Geben Sie mir ein
Doni'm algun
Déme algún

      Schlafmittel,
      somnífer,
      somnífero / dormitivo,

      Beruhigungs- / Schmerzmittel,
      calmant / antineuràlgic,
      calmante / antineurálgico,

Desinfektionsmittel,	**Abführmittel,**
desinfectant,	laxant,
desinfectante,	*laxante,*
fiebersenkendes Mittel,	**Beruhigungsmittel**
antipirètic,	calmant / sedant
antipirético,	*calmante / sedante*

Können Sie mir eine ... empfehlen?
Pot aconsellar-me una pomada
¿Puede aconsejarme una pomada

      Brandsalbe,
      per a les cremades,
      para las quemaduras,

      Salbe gegen Sonnenbrand
      per a les cremades de sol?
      para las quemaduras de sol?

Haben Sie Präservative,
Teniu preservatius,
Tienen preservativos,

      Zahnpasta?
      dentifrici?
      dentífrico?

Geben Sie mir bitte,
Doni'm, si us plau,
Déme, por favor,

> **eine Schachtel Aspirin mit Vitamin C,**
> una capsa d'aspirina amb vitamina C,
> *una cajita de aspirina con vitamina C,*

> **ein Päckchen Watte,**
> un paquet de cotó,
> *un paquete de algodón,*

> **ein -e Flasche / Fläschchen destilliertes Wasser,**
> una ampolla / ampolleta d'aigua destil·lada,
> *una botella / un frasco de agua destilada,*

> **eine Rolle Mull,**
> un rotlle de gasa,
> *un rollo de gasa,*

> **eine Tube Salbe,**
> un tub de pomada,
> *un tubo de pomada,*

> **ein Thermometer,**
> un termòmetre,
> *un termómetro,*

Dieses Medikament ist rezeptpflichtig
Es necessita recepta per a aquest medicament
Se necesita receta para este medicamento

Es ist ein Antibiotikum
És un antibiòtic
Es un antibiótico

Können Sie mir dieses Rezept zubereiten?
Pot preparar-me aquesta recepta?
¿Puede prepararme esta receta?

Wann wird es fertig sein?
Quan estarà llesta?
¿Cuándo estará lista?

Kann ich hier darauf warten?
Puc esperar-la aquí?
¿Puedo esperarla aquí?

Man muß es dreimal täglich vor / nach dem Essen einnehmen
Cal prendre-la tres vegades al dia abans / després dels àpats
Hay que tomarla tres veces al día antes / después de las comidas

Nüchtern
En dejú
En ayunas

Nicht kauen
Sense mastegar
Sin masticar

Im Mund zergehen lassen
Deixar dissoldre a la boca
Dejar disolver en la boca

Zum Einnehmen / auftragen
Per a ús intern / extern
Para uso interno / externo

Vor Gebrauch schütteln
Agitar abans d'usar
Agitar antes de usar

Im Wasser auflösen
Dissoldre en aigua
Disolver en agua

Gift
Metzina
Veneno

12.2 **Zahnarzt**. Dentista. *Dentista*

Ich habe Zahnschmerzen
Em fan mal les dents
Me duelen los dientes / las muelas

Ich habe schreckliche Zahnschmerzen
Tinc un terrible mal de queixal
Tengo un terrible dolor de muelas

Ich muß zum Zahnarzt gehen
He d'anar a veure un dentista
Tengo que ir a ver a un dentista

Wo gibt es hier in der Nähe einen Zahnarzt?
On trobo un dentista prop d'aquí?
¿Dónde puedo encontrar un dentista en la cercanía?

Machen Sie den Mund auf
Obri la boca
Abra la boca

Machen Sie ihn weit auf
Obri-la bé
Abrala bien

Wo tut es weh, unten / oben?
On li fa mal, a baix / a dalt?
¿Dónde le duele, abajo / arriba?

Welcher Zahn tut Ihnen weh?
Quina de les dents li fa mal?
¿Cuál de los dientes le duele?

Dieser Zahn tut mir weh
Em fa mal aquesta dent / aquest queixal
Me duele este diente / esta muela

Er ist sehr kälteempfindlich
És molt sensible al fred
Es muy sensible al frío

Er wackelt
Es mou
Se mueve

Die Füllung ist herausgefallen
Li ha caigut l'empastament
Se le ha caído el empaste

Es ist ein Stück herausgebrochen
Se li ha trencat un tros
Se le ha roto un trozo

Muß er gezogen werden?
Cal treure-la / arrencar-la / extraer-la?
¿Hay que sacarlo / arrancarlo / extraerlo?

Ziehen Sie ihn nicht!
No me l'extregui!
¡No me lo extraiga!

Können sie ihn (provisorisch) füllen?
Pot empastar-la / obturar-la , -provisionalment?
¿Puede empastarlo , -provisionalmente?

Ich muß ihn röntgen
He de fer-li una radiografia
Tengo que hacerle una radiografía

Sie haben nichts Schlimmes
No té res d'especial
No tiene nada especial

Es wird Ihnen nicht wehtun
No li farà mal
No le va a doler

Ich gebe Ihnen eine Spritze zur Betäubung
Li posaré una injecció anestèsica
Voy a ponerle un inyección anestésica

Meine Prothese ist kaputtgegangen
S'ha trencat la meva pròtesi
Se me ha roto la prótesis

Wo kann man sie reparieren lassen?
On la repararan?
¿Dónde la arreglan / reparan?

Muß ich noch einmal wiederkommen?
He de tornar un altre dia?
¿Tengo que volver otro día?

Nur, wenn Sie wieder Zahnschmerzen bekommen
Només si li fa mal de nou la dent
Solo si le duele de nuevo el diente

12.3 **Beim Arzt**
Al consultori mèdic
En el consultorio médico

Ich fühle mich sehr schlecht	**Es geht ihm sehr schlecht**
Em trobo molt malament	Es troba molt malament
Me siento muy mal	*Se encuentra muy mal*
Ich bin krank	**Meine Tochter hat Fieber**
Estic malalt , -a	La meva filla té febre
Estoy enfermo , -a	*Mi hija tiene fiebre*

Helfen Sie mir bitte, meinem Mann geht es sehr schlecht
Ajudi'm, sisplau, el meu marit es troba molt malament
Ayúdeme, por favor, mi marido se encuentra muy mal

Ich glaube, es ist etwas sehr Ernstes
Crec que té alguna cosa molt greu
Creo que tiene algo muy grave

Rufen Sie bitte einen Arzt
Cridi un metge, sisplau
Llame a un médico, por favor

Er sollte zum Arzt gehen
Hauria d'anar a veure un metge
Tendría que ir a ver a un médico

Wo finde ich hier
On hi ha per aquí
¿Dónde hay por aquí

       eine Arztpraxis,
       un consultori mèdic,
       un consultorio médico,

       ein Krankenhaus,
       hospital,
       hospital,

       eine Erste-Hilfe-Station?
       lloc de primers auxilis?
       puesto de primeros auxilios?

Gibt es einen Arzt im Hotel?
Hi ha un metge a l'hotel?
¿Hay un médico en el hotel?

Um wieviel Uhr hat der Arzt Sprechstunde?
A quina hora té consulta el metge?
¿A qué hora tiene consulta el médico?

Machen Sie mir einen Termin für heute nachmittag
Demani'm una hora per aquesta tarda
Pídame una hora para esta tarde

Rufen Sie bitte einen Krankenwagen
Avisi l'ambulància, sisplau
Avise, por favor, a la ambulancia

Was fehlt Ihnen?
Què té?
¿Qué tiene?

Wo haben Sie Schmerzen?
Què li fa mal?
¿Qué le duele?

Seit ein paar Tagen geht es mir nicht gut
Des de fa uns dies no em trobo bé
Desde hace unos días no me encuentro bien

Hier habe ich Schmerzen
Em fa mal aquí
Me duele aquí

Ich habe ... Schmerzen... **Kopf-**
Em fa mal el cap
Me duele *la cabeza*

Magen- **Hals-**
l'estómac, la gola,
el estómago, *la garganta,*

im linken Fuß, **im rechten Arm**
el peu esquerre, el braç dret
el pie izquierdo, *el brazo derecho*

Mir tun die Augen weh,
Em fan mal els ulls,
Me duelen los ojos,

die Ohren
les orelles
los oídos

Ich habe starke Schmerzen
Tinc dolors forts
Tengo dolores fuertes

Ich kann nachts nicht schlafen
No puc dormir a les nits
No puedo dormir por las noches

Ich habe mir den Magen verdorben
Tinc una indigestió
Tengo una indigestión

Ich ermüde schnell
Em canso fàcilment
Me canso fácilmente

Ich habe mich übergeben
He vomitat
He vomitado

Ich habe Fieber
Tinc febre
Tengo fiebre

Ich schwitze viel
Suo molt
Sudo mucho

Ich habe keinen Appetit
No tinc gana
No tengo apetito

Mir ist schwindelig
Em marejo
Me mareo

Ich huste stark
Tusso molt
Toso mucho

Mir ist übel
Tinc nàusees
Tengo náuseas

Ich habe Durchfall
Tinc diarrea
Tengo diarrea

Ich bin sehr nervös
Estic molt nerviós
Estoy muy nervioso

Ich bin erkältet / habe Schnupfen
Estic constipat
Estoy constipado

Ich habe Schüttelfrost
Tinc calfreds
Tengo escalofríos

Ich habe Verstopfung
Tinc estrenyiment
Tengo estreñimiento

Ich bin schwanger. Ich erwarte ein Kind
Estic prenyada. Espero un nen
Estoy embarazada. Espero un niño

Ich war lange in der Sonne
He estat molt de temps al sol
He estado mucho tiempo al sol

Ich habe starken Sonnenbrand
M'he cremat molt
Me he quemado mucho

Wahrscheinlich haben Sie einen Sonnenstich
És possible que tingui una insolació
Es posible que tenga una insolación

Das Essen ist mir nicht bekommen
M'ha fet mal el menjar
Me ha hecho daño la comida

Ich bin hingefallen
He caigut
Me he caído

Ich habe mich schwer gestoßen
M'he donat un cop fort
Me he dado un golpe fuerte

Ich habe mir den Fuß verstaucht
M'he torçat el peu
Me he dislocado el pie

Ich fürchte, ich habe mir den Arm gebrochen
Tinc por que m'hagi trencat el braç
Temo que me haya roto el brazo

Ich bin auf einen Seeigel getreten
He trepitjat un eriçó de mar
He pisado un erizo de mar

Haben Sie Fieber?
Té febre?
¿Tiene fiebre?

Heute morgen hatte ich achtunddreißigfünf
Al matí tenia trenta vuit coma cinc
Por la mañana tenía treinta y ocho coma cinco

Jetzt werden wir es noch einmal messen
Ara mateix la hi prendrem de nou
Ahora mismo vamos a medírsela de nuevo

Nehmen Sie das Thermometer
Posi's el termòmetre
Póngase el termómetro

Im Moment haben sie kein Fieber
Ara no té febre
Ahora no tiene fiebre

Sie haben immer noch hohes Fieber
Continua tenint febre alta
Continúa teniendo fiebre alta

Soll ich Sie untersuchen?
Li faig una visita / un reconeixement?
¿Le hago una visita / un reconocimiento?

Wo haben Sie Schmerzen?
On li fa mal?
¿Dónde le duele?

Ziehen Sie sich bitte aus
Tregui's la roba
Quítese la ropa

Atmen sie tief aus
Expiri fort
Espire fuerte

Atmen Sie tiefer ein
Respiri més profundament
Respire más profundamente

Strecken Sie die Zunge raus
Tregui la llengua
Saque la lengua

Husten Sie
Tussi
Tosa

Halten Sie den Atem an
Aguanti's la respiració
Contenga la respiración

Das ist genug
Prou
Basta

Fühlen wir mal den Puls
Vejam el pols
Veamos el pulso

Ich messe Ihnen den Blutdruck
Li prendré la pressió
Voy a tomarle la presión

Sie sollten sich ... untersuchen lassen
S'ha de fer una anàlisi
Tiene que hacer un análisis

        das Blut,
        de sang,
        de sangre,

    den Urin
    d'orina
    de orina

Die Labors sind auf der ersten Etage
Els laboratoris són al primer pis
Los laboratorios se encuentran en el primer piso

Ihr Arm muß geröntgt werden
Cal fer una radiografia del seu braç
Hay que hacer una radiografía de su brazo

Seit wann fühlen Sie sich schlecht?
Des de quan no es troba bé?
¿Desde cuándo no se encuentra bien?

Was haben Sie gegessen?
Què ha menjat?
¿Qué ha comido?

Nehmen Sie irgendein Medikament?
Pren algun medicament?
¿Toma algún medicamento?

Sind Sie allergisch gegen Penicillin?
No és al·lèrgic a la penicil·lina?
¿No es alérgico a la penicilina?

Sind Sie gegen etwas allergisch?
Té alguna al·lèrgia?
¿Tiene alguna alergia?

Sind Sie gegen Tetanus geimpft?
Li han posat ja l'antitetànica?
¿Le pusieron ya la antitetánica?

Sind Sie vorher schon einmal geimpft worden?
Ha estat vacunat abans de venir aquí?
¿Ha sido vacunado antes de venir aquí?

Wogegen?	**Rauchen Sie?**
Contra què?	Fuma?
¿Contra qué?	*¿Fuma?*

Haben Sie eine chronische / schwere Kankheit?
Té alguna malaltia crònica / greu?
¿Tiene alguna enfermedad crónica / grave?

Sind Sie nicht Diabetiker?	**Wann wurden Sie operiert?**
No és diabètic?	Quan el van operar?
¿No es diabético?	*¿Cuándo le operaron?*

Seit wann tragen Sie den Herzschrittmacher?
Des de quan porta marcapassos?
¿Desde cuándo lleva marcapasos?

Machen Sie sich keine Sorgen. Sie haben nichts Schlimmes
No es preocupi. No té res de greu
No se preocupe. No tiene nada grave

Es tut mir leid, aber Sie haben eine Lungenentzündung
Ho sento, pero té una pulmonia
Lo lamento, pero tiene una pulmonía

Sie haben eine Blinddarmentzündung	**Sie müssen ins Krankenhaus**
Té una apendicitis	He d'hospitalitzar-lo
Tiene una apendicitis	*Tengo que hospitalizarlo*

Sie müssen sich einer Operation unterziehen
Cal sotmetre'l a una operació
Hay que someterle a una operación

Ich werde Ihnen eine Spritze geben
Li posaré una injecció
Voy a ponerle una inyección

Ich werde Ihnen ein sehr gutes Medikament verschreiben
Li receptaré un medicament molt eficaç
Voy a recetarle un medicamento muy eficaz

Hier haben Sie das Rezept
Aquí té la recepta
Aquí tiene la receta

Sie brauchen absolute Ruhe
Necessita repòs absolut
Necesita reposo absoluto

Sie müssen Diät halten
Ha de fer dieta
Tiene que guardar dieta

Sie brauchen ein paar Tage Bettruhe
Ha de fer llit uns dies
Tiene que guardar cama unos días

Sie brauchen Erholung   **Rauchen Sie nicht**
Ha de descansar   No fumi
Tiene que descansar   *No fume*

Trinken Sie keinen Alkohol
No prengui begudes alcohòliques
No tome bebidas alcohólicas

Meiden Sie zuviel Sonne   **Baden Sie nicht**
No prengui el sol   No es banyi
No tome el sol   *No se bañe*

Kommen Sie in ... wieder
Torni d'aquí a
Vuelva de aquí a

> **drei Tagen,**
> tres dies,
> *tres días,*
>
> **acht / vierzehn Tagen**
> vuit / quinze dies
> *ocho / quince días*

Sind Sie versichert?
Té assegurança?
¿Tiene seguro?

Ich bin nicht versichert
No estic assegurat , -ada
No estoy asegurado , -a

Ich habe eine deutsche / internationale Krankenversicherung
Tinc una assegurança de salut alemanya / internacional
Tengo un seguro de salud alemán / internacional

Es tut mir leid, aber die kann ich nicht annehmen
Em sap greu, però no puc acceptar aquesta
Lo lamento, pero no puedo aceptarlo

Wieviel schulde ich Ihnen?
Quant li dec?
¿Cuánto le debo?

13. **SPORT**. ESPORT. *DEPORTE*

13.1 **Sport. Allgemeines**
Esport. Generalitats
Deporte. Generalidades

Sind Sie Sportler?
Vostè és esportista?
¿Usted es deportista?

Welchen Sport treiben Sie?
Quin esport practica?
¿Qué deporte practica?

Welchen Sport treibst du?
Quin esport practiques?
¿Qué deporte practicas?

Ich bin Boxer
Sóc boxador
Soy boxeador

In meiner Jugend habe ich Leichtathletik getrieben
A la meva joventut practicava l'atletisme
En mi juventud practicaba el atletismo

Welche ist Ihre Lieblingssportart?
Quin és el seu esport favorit?
¿Cuál es su deporte favorito?

Welche ist Ihre Lieblingssportlerin?
Quina és la seva esportista favorita?
¿Cuál es su deportista favorita?

Wann werden die Schwimmwettkämpfe im Fernsehen übertragen?
Quan transmet la televisió les proves de natació?
¿Cuándo transmite la televisión las pruebas de natación?

Sind die Einzelwettkämpfe schon abgeschlossen?
Han acabat ja les proves individuals?
¿Han acabado ya las pruebas individuales?

Haben die Mannschaftswettkämpfe schon begonnen?
Han començat ja les competicions per equips?
¿Han comenzado ya las competiciones por equipos?

Wann fangen die Endkämpfe an?
Quan comencen les finals?
¿Cuándo comienzan las finales?

Wann ist das Spiel zu Ende?
Quan acaba el partit?
¿Cuándo acaba el partido?

Es ist ein sehr interessantes Spiel
És un partit molt interessant
Es un partido muy interesante

Welchen Platz hat die deutsche / spanische Mannschaft erreicht?
En quin lloc ha quedat l'equip alemany / espanyol?
¿En qué lugar ha finalizado el equipo alemán / español?

Wer ist Erster / Zweiter / Dritter?
Qui és el primer / segon / tercer?
¿Quién es el primero / segundo / tercero?

Wer hat die Goldmedaille gewonnen?
Qui ha guanyat la medalla d'or?
¿Quién ganó la medalla de oro?

Haben wir verloren / gewonnen?
Hem perdut / guanyat?
¿Hemos perdido / ganado?

Wie ist das Endergebnis?
Quin és el resultat final?
¿Cuál es el resultado final?

Wer führt?
Qui guanya?
¿Quién gana?

Wer hat gewonnen?
Qui ha guanyat?
¿Quién ha ganado?

Wie war das Ergebnis nach der ersten Halbzeit?
Quin ha estat el resultat del primer temps?
¿Cuál ha sido el resultado del primer tiempo?

Null zu null unentschieden
Empat a zero
Empate a cero

Die spanische Mannschaft hat zwei zu eins gewonnen
L'equip espanyol ha guanyat per dos a u
El equipo español ha ganado por dos a uno

Sie hat zwei zu null verloren
Ha perdut per dos a zero
Ha perdido por dos a cero

Sie haben unentschieden gespielt
Han empatat
Han empatado

Das ist ein neuer olympischer Rekord
Això és nou rècord olímpic
Esto es nuevo récord olímpico

Er / sie hat einen neuen Europarekord aufgestellt
Ha establert un nou rècord d'Europa
Ha establecido un nuevo récord de Europa

Er / sie hat den Weltrekord über tausendfünfhundert Meter eingestellt / verbessert
Ha igualat / millorat el rècord mundial dels mil cinc-cents metres
Ha igualado / mejorado la plusmarca mundial de los mil quinientos metros

Er / sie hat den Weltrekord gebrochen
Ha batut el rècord mundial
Ha batido el récord mundial

13.2 **Olympiade.** Olimpíada. *Olimpiada*

Ich gehöre zur deutschen Delegation
Sóc membre de la delegació alemanya
Soy miembro de la delegación alemana

Ich bin deutsche -r Sportler -in / Journalist -in
Sóc esportista / periodista / alemany / alemanya
Soy deportista / periodista / alemán / alemana

Entschuldigen Sie, wo ist das Pressezentrum?
Perdoni, on és el centre de premsa?
Perdone, ¿dónde está el centro de prensa?

Wo wird die Pressekonferenz stattfinden?
On tindrà lloc la conferència de premsa?
¿Dónde tendrá lugar la conferencia / rueda de prensa?

Gibt es noch Eintrittskarten
Es poden aconseguir encara entrades
¿Se puede conseguir todavía entradas

      für die Eröffnungsfeier,
      per a la inauguració,
      para la inauguración,

      für die Abschlußfeier?
      per a la clausura?
      para la clausura?

Ich werde mir die Eröffnungsfeier im Fernsehen anschauen
Jo miraré per la televisió la cerimònia inaugural
Yo veré / miraré la ceremonia inaugural en la televisión

Ist es weit zum Olympischen Dorf?
La vila olímpica és / queda lluny?
¿La villa olímpica está / queda lejos?

Wie kommt man zum Olympiastadion?
Com anar a l'estadi olímpic?
¿Cómo ir al estadio olímpico?

Zeigen Sie es mir bitte auf dem Stadtplan
Mostri-m'ho al mapa, sisplau
Muéstremelo en el mapa, por favor

Wo ist der Schießstand / das Schwimmbad?
On és el camp de tir, la piscina?
¿Donde está el campo de tiro, la piscina?

Wo werden die Kanuwettbewerbe ausgetragen?
On tindran lloc les proves de piragüisme?
¿Dónde tendrán lugar las pruebas de piragüismo?

Wo spielt die spanische Mannschaft?
On juga l'equip espanyol?
¿Dónde juega el equipo español?

Wer spielt in der spanischen Mannschaft?
Qui juga a l'equip espanyol?
¿Quiénes juegan en el equipo español?

Wer ist der Trainer der Mannschaft?
Qui és l'entrenador de l'equip?
¿Quién es el entrenador del equipo?

Unsere Mannschaft, unsere Auswahl,
El nostre equip, la nostra selecció,
Nuestro equipo, nuestra selección,

> **ist auf dem ersten Platz**
> ocupa el primer lloc
> *ocupa el primer lugar*

Unser bester Spieler, unser Favorit
El nostre millor jugador, el nostre favorit,
Nuestro mejor jugador, nuestro favorito,

> **ist verletzt**
> està lesionat
> *está lesionado*

ist gut in Form   **ist nicht in Form**
està en forma   no està en bona forma
está en forma   *no está en buena forma*

13.3 Sportarten der Olympischen Sommerspiele
Esports olímpics d'estiu
Deportes olímpicos de verano

Leichtathletik
Atletisme
Atletismo

Rudern
Rem
Remo

Federball
Bàdminton
Bádminton

Baseball
Beisbol
Beisbol

Basketball
Basquetbol, bàsquet
Baloncesto

Boxen
Boxa, pugilisme
Boxeo, pugilismo

Kanusport (in stehendem Wasser)
Piragüisme (en aigües tranquil·les)
Piragüismo (en aguas tranquilas)

Radsport
Ciclisme
Ciclismo

Pferdesport
Hípica
Hípica

Fechten
Esgrima
Esgrima

Fußball
Futbol
Fútbol, balonpié

Gerätturnen
Gimnàstica
Gimnasia

Gewichtheben
Halterofília
Halterofilia, levantamiento de pesos

Handball
Handbol
Balonmano

Feldhockey
Hoquei sobre herba
Hockey sobre hierba

Judo
Judo
Judo

Ringen
Lluita
Lucha

Schwimmsport
Natació
Natación

Synchronschwimmen
Natació sincronitzada
Natación sincronizada

Moderner Fünfkampf
Pentatló modern
Pentatlón moderno

Kunst- und Turmspringen
Salt (s) de trampolí i de palanca
Salto (s) de trampolín y de palanca

Tennis
Tennis
Tenis

Tischtennis, Pingpong
Tennis de taula, ping-pong
Tenis de mesa, ping-pong

Schießsport, olympisches Schießen
Tir (esportiu), tir olímpic
Tiro (deportivo), tiro olímpico

Bogenschießen
Tir amb arc
Tiro con arco

Segeln
Vela, esport de vela
Vela, deporte de vela

Volleyball
Voleibol
Voleibol, balonvolea

Wasserball
Waterpolo
Waterpolo, polo acuático

Demonstrationssportarten
Esports de demostració
Deportes de demostración

Rollhockey
Hoquei sobre patins
Hockey sobre patines

(baskische) Pelota
Pilota , -basca
Pelota , -vasca

Taekwondo
Tae-kwondo
Tae-kwondo

13.4 **Leichtathletik.** Atletisme. *Atletismo*

Laufen
Cursa plana / llisa
Carrera plana / lisa

Hindernislauf
Cursa d'obstacles
Carrera de / con obstáculos

Hürdenlauf
Cursa de tanques
Carrera de vallas

Marathon
Marató -f
Maratón

Hochsprung
Salt d'alçada
Salto de altura

Weitsprung
Salt de llargada
Salto de longitud

Kugelstoßen
Llançament de pes
Lanzamiento de peso

Hammerwerfen
Llançament de martell
Lanzamiento de martillo

Zehnkampf
Decatló
Decatlón

Staffellauf
Cursa de relleus
Carrera de relevos

Gehen
Marxa
Marcha

Stabhochsprung
Salt amb perxa
Salto de pertiga

Dreisprung
Triple salt
Triple salto

Diskuswerfen
Llançament de disc
Lanzamiento de disco

Speerwerfen
Llançament de javelina
Lanzamiento de jabalina

Siebenkampf
Heptatló
Heptatlón

14. VOKABULAR. VOCABULARI
VOCABULARIO

Aal	anguila	*anguila*
Ab morgen	a partir de demà	*a partir de mañana*
Abbauen	desmuntar	*desmontar*
Abblendlicht	llum f d'encreuament	*luz f de cruce*
Abend	tarda	*vespre*
Abendessen	sopar	*cenar*
Abendessen, das	sopar	*cena*
Abends	al vespre, a la nit	*por la noche*
Abenteuerfilm	pel·lícula d'aventures	*película de aventuras*
Aber	però, sino	*pero, sino*
Abfahren	partir	*partir*
Abführmittel	laxant	*laxante*
Abhängen	descolgar	*descolgar*
Abheben (Geld)	treure (diners)	*sacar*
Abheben	envolar-se	*despegar*
Abholen	recollir	*recoger*
Abholen	retirar, recollir	*retirar recoger*
Absatz	taló, tacó	*tacón*
Abschleppwagen	grua	*grúa*
Abschluß-veranstaltung	clausura	*clausura*
Abschmieren	greixatge	*engrase*
Absender	remitent	*remitente, remite*
Abstieg	descens	*descenso*
Abteil	compartiment	*departamento*
Abtreibung	avortament	*aborto*
Achse	eix	*eje*
Acht	vuit	*ocho*
Achte	vuitè, ena	*octavo, -a*
Achthundert	vuit-cents, -centes	*ochocientos, -as*
Achtung	atenció f	*atención f*
Achtzehn	divuit	*dieciocho*
Achtzig	vuitanta	*ochenta*
Adresse (unvollständig)	adreça (incompleta, insuficient)	*dirección f (incompleta, insuficiente), señas f pl*
Afrika	Àfrica	*Africa*
Afrikaner, -in	africà, -ana	*africano, -ana*
After	anus	*ano*

209

After Shave	loció per a l'afaitat	*loción (para el afeitado)*
AIDS	SIDA f sida f	*SIDA m sida m*
Alkohol	alcohol	*alcohol*
Alkoholfreie Getränke	begudes sense alcohol	*bebidas sin alcohol*
Alt	vell -a	*viejo, -a, mayor*
Alter	edat f	*edad f*
Aluminium	alumini	*aluminio*
Alle	tots, totes	*todos -as*
Allee	avinguda	*avenida*
Allergie	al·lèrgia	*alergia*
Allergisch	al·lèrgic, -a	*alérgico, -a*
Allergisch gegen Penizilin	al·lèrgic, -a a la penicil·lina	*alérgico, -a a la penicilina*
Allergisch sein	tenir al·lèrgia	*tener alergia*
Am Mittag	al migdia	*a(l) mediodía*
Amateur	aficionat, -ada,	*aficionado, -a,*
Ambulanz	ambulància, dispensari	*ambulancia, dispensario*
Amerika	Amèrica	*América*
Amerikaner, -in	americà, -ana	*americano, -ana*
Ampel	semàfor	*semáforo*
Amphitheater	amfiteatre	*anfiteatro*
An den Überbringer	al portador	*al portador*
An der Universität studieren	anar a la universitat	*ir a la universidad*
Ananas	pinya (tropical / americana)	*piña (tropical / americana)*
Anbieten	oferir	*ofrecer*
Anchovis	anxova	*anchoa*
Andenken	records	*recuerdos*
Andorra	Andorra	*Andorra*
Andorraner, -in	andorrà, -ana	*andorrano, -ana*
Anfahren	arrencar	*arrancar*
Angeln	pescar (amb canya)	*pescar (con caña)*
Angestellte, -r	empleat, -ada	*empleado, -a*
Anhalten	parar, aturar-se	*parar*
Anhänger (LKW)	remolc	*remolque*
Anhänger, Fan	seguidor	*seguidor, -a*
Anker lichten	salpar, llevar àncores	*zarpar, levar anclas*
Ankleiden	vestir	*vestir*
Ankleideraum	vestidor(s)	*vestuario(s)*

Ankommen	arribar	*llegar*
Ankunft	arribada	*llegada*
Anlasser	motor d'engegada	*motor de arranque*
Annulieren	anul·lar	*anular*
Anrufen (Tel.)	trucar per telèfon	*llamar por teléfono*
Anrufen, schellen	trucar	*llamar*
Ansager, -in	anunciador, -a	*anunciador, -a*
Anstreicher	pintor (de parets)	*pintor (de brocha gorda)*
Antibiotisch	antibiòtic	*antibiótico*
Antik, alt	antic, -iga, vell, -a	*antiguo, -a, viejo, -a*
Antineuralgisch	antineuràlgic	*antineurálgico*
Antiquitäten-geschäft	antiguitats, botiga d'antiguitats	*antigüedades, tienda de antigüedades*
Antwort	resposta	*respuesta*
Antworten	respondre	*responder, contestar*
Anwalt, Anwältin	advocat, -essa /-ada	*abogado, -a*
Anzeigen	denunciar	*denunciar*
Anzeigetafel	marcador	*marcador, tanteador*
Anzug	tern, vestit	*traje*
Anzünden	encendre	*encender*
Aperitif	aperitiu	*aperitivo*
Apfel	poma	*manzana*
Apfelsaft	suc de poma	*zumo de manzana*
Apfelsine	taronja	*naranja*
Apotheke	farmàcia	*farmacia*
Apotheker, -in	farmacèutic, -a	*farmacéutico, -a*
Apparat	aparell	*aparato*
Appartement	apartament	*apartamento*
Aprikose	albercoc	*albaricoque*
April	abril	*abril*
Araber, arabisch	àrab	*árabe*
Arbeit	treball, feina	*trabajo*
Arbeiten	treballar	*trabajar*
Arbeiter, -in	obrer, -a, treballador, -a	*obrero, -a, trabajador, -a*
Arbeitslos sein	estar parat	*estar parado*
Architekt	arquitecte	*arquitecto*
Ärgern, sich	enfadar-se, empipar-se	*enfadarse, enojarse*
Arm / Bein brechen	trencar-se el braç / la cama	*romperse el brazo / la pierna*

Arm(e)	braç(os)	*brazo(s)*
Armband	polsera, braçalet	*pulsera, brazalete*
Armbanduhr	rellotge de polsera	*reloj de pulsera*
Arterie, -n	artèria, artèries	*arteria / s*
Artikel	article	*artículo*
Arzt, Ärztin	metge,-essa, doctor,-a	*médico,-a, doctor,-a*
Arzt rufen	cridar un metge	*llamar a un médico*
Aschenbecher	cendrer	*cenicero*
Asiat, -in	asiàtic, -a	*asiático, -a*
Asien	Àsia	*Ásia*
Aspirin	aspirina	*aspirina*
Aspirin mit Vitamin C	aspirina amb vitamina C	*aspirina con vitamina C*
Asthma	asma	*asma*
Athlet	atleta	*atleta*
Aubergine	albergínia	*berenjena*
Auch	també	*también*
Auf gar keinen Fall	de cap manera	*de ninguna manera*
Auf Kredit	a crèdit	*a crédito*
Auf Wiedersehen!	a reveure! adéu!, adéu-siau!	*¡hasta la vista! ¡adiós!*
Aufblasen	inflar	*hinchar*
Aufführung	representació f,	*representación,*
Aufhängen	penjar	*colgar*
Aufheben	aixecar	*levantar*
Aufrechterhalten	mantenir	*mantener*
Aufschnittplatte	assortiment de carn freda	*surtido de fiambres*
Aufstehen	aixecar-se	*levantarse*
Aufstellen, aufrichten	aixecar	*levantar*
Aufstellen (einen Rekord)	establir (un rècord)	*establecer (un récord)*
Aufwachen	despertar-se	*despertarse*
Aufwärmehalle	sala d'escalfament	*sala de calentamiento*
Aufwärmen, das	escalfament	*calentamiento*
Aufziehen (Uhr)	donar-li corda (al rellotge)	*darle cuerda (al reloj)*
Aufzug	ascensor	*ascensor*
Auge	ull	*ojo*
Augenbraue(n)	cella, celles	*ceja(s)*
Augenbrauenstift	llapis per a les celles	*lápiz para cejas*
Augenmittel	col·liri	*colirio*

Augentropfen	gotes per als ulls, col·liri	*gotas para los ojos, colirio*
August	agost	*agosto*
Aus dem Ofen	al forn	*al horno*
Ausdrucks- gymnastik	gimnàstica artística	*gimnasia artística*
Ausflug	excursió f	*excursión f*
Ausfüllen	omplir, emplenar	*rellenar*
Ausgang	sortida	*salida*
Ausgeben	gastar	*gastar*
Ausgehen	sortir	*salir*
Ausgleichen	igualar	*igualar*
Auslandsflug	vol internacional	*vuelo internacional*
Ausleihen	manllevar	*prestar, pedir prestado*
Auspuff	tub d'escapament	*tubo de escape*
Ausruhen	descansar	*descansar*
Ausrutschen	patinar, relliscar	*patinar, resbalar*
Ausschalten	apagar, desconnectar	*apagar, desconectar*
Ausscheidung(en)	eliminatòria(es)	*eliminatoria(s)*
Aussetzen (Motor)	calar-se	*calarse*
Aussprache	pronúncia	*pronunciación f*
Aussprechen	pronunciar	*pronunciar*
Aussteigen (aus Fahrzeugen)	baixar (d'un vehicle)	*bajar (de un vehículo)*
Ausstellung	exposició f	*exposición f*
Auster, -n (frische)	ostra, ostres (vives)	*ostra, ostras (vivas)*
Ausverkauf	liquidació f, saldos, rebaixes	*liquidación f, saldos, rebajas*
Auswahl	selecció f	*selección f*
Auswuchten der Reifen	equilibrat de pneumàtics	*equilibrado de neumáticos*
Autobahn	autopista	*autopista*
Autobus, Bus	autobús, bus	*autobús, bus*
Autofahrer	automobilista	*automovilista*
Automatisch	automàtic, -a	*automático, -a*
Automechaniker	mecànic, mecànic d'automòbils	*mecánico, mecánico de automóviles*
Automobil, Auto	automòbil, cotxe, turisme	*automóvil, coche, turismo*
Autozubehör- werkstatt	taller de muntatge d'accessoris d'automòbil	*taller de montaje de accesorios de automóvil*

Avocado	alvocat	*aguacate*
Backe(n)	galta(es)	*mejilla(s)*
Backenzahn	queixal	*muela*
Bäcker	flequer, forner	*panadero*
Bäckerei	fleca, forn (de pa)	*panadería, horno*
Backpulver, Hefe	llevat	*levadura*
Badeanzug	vestit de bany	*traje de baño, bañador*
Badehaube	gorra de bany	*gorro de baño*
Badehose	eslip	*bañador*
Bademantel	barnús	*albornoz*
Baden	banyar-se	*bañarse*
Badeschlappen	sabatilles de bany	*zapatillas de baño*
Badewanne	banyera	*bañera*
Badezimmer	(cambra de) bany	*(cuarto de) baño*
Badminton	bàdminton	*bádminton*
Bahnhof, Station	estació f	*estación f*
Bahnradrennen	proves / curses de pista	*pruebas / carreras de pista*
Bahnsteig	andana	*andén*
Bald	aviat	*pronto*
Balearen	Illes Balears	*Islas Baleares*
Balkon	balcó	*balcón*
Ball	pilota	*pelota*
Banane	plàtan, banana	*plátano, banana*
Band (Buch-)	volum, tom	*volumen, tomo*
Band	cinta	*cinta*
Bank	banc	*banco*
Banknote	bitllet	*billete*
Bar	bar	*bar*
Bar zahlen	pagar en efectiu	*pagar en efectivo*
Bar, in bar	en efectiu al comptat	*en efectivo al contado*
Bargeld	(diner) efectiu, metàl·lic	*(dinero) efectivo, metálico*
Barren	paral·les barres paral·leles	*paralelas, barras paralelas*
Bart	barba	*barba*
Barwagen	vagó-bar	*coche bar*
Bär	ós	*oso*
Bärchen	osset	*osito*
Baseball	beisbol	*beisbol*

Baske, -in	basc, -a	*vasco, -a*
Baskenland	País Basc	*País Vasco*
Basketball	bàsquetbol, bàsquet	*baloncesto*
Basketball-spieler, -in	jugador, -a de bàsquet	*jugador, -a de baloncesto*
Baterie	pila	*pila*
Batterie aufladen	recàrrega de la bateria	*recarga de la batería*
Batterie	bateria	*batería*
Bauch	ventre	*vientre*
Bauernbrot	pa de pagès	*pan de payés*
Bauernomelett	truita (a l') espanyola	*tortilla española*
Baum	arbre	*árbol*
Beamte, -r	funcionari, -ària	*funcionario, -a*
Bedeckt	tapat, -ada	*cubierto, -a*
Bedienung	cambrer, -a	*camarero, -a*
Bedienung inbegriffen	servei inclòs	*servicio incluido*
Beenden	acabar	*acabar, terminar*
Befehlen	manar	*mandar*
Beflecken	tacar	*manchar*
Beginnen	començar	*comenzar*
Beglaubigt	certificat -ada	*certificado -a*
Begleiten	acompanyar	*acompañar*
Beglückwünschen	felicitar	*felicitar*
Beilagen	acompanyaments	*guarniciones*
Beine	cama(es)	*pierna(s)*
Beinhalten	contenir	*contener*
Bekleidungs-geschäft	botiga de confeccions	*tienda de confecciones*
Beleg	comprovant	*comprobante*
Belegtes Brötchen, Sandwich	entrepà	*bocadillo*
Beleuchtung	enllumenat	*alumbrado*
Bemerken	adonar-se	*darse cuenta*
Benötigen	necessitar	*necesitar*
Benzin	gasolina	*gasolina*
Beratung in EDV-Fragen	assessorament d'informàtica	*asesoramiento de informática*
Berg	muntanya	*montaña*
Bergsportarten	disciplines alpines	*disciplinas alpinas*
Bergsteigen	muntanyisme, alpinisme	*montañismo, alpinismo*

Beruf	professió f	*profesión f*
Beruf, Metier	ofici	*oficio*
Beruhigungs-mittel	calmant, sedant antineuràlgic	*calmante, sedante antineurálgico*
Besatzung	tripulació f	*tripulación f*
Bescheinigung	certificat	*certificado*
Beschleunigen	accelerar	*acelerar*
Beschweren, sich	queixar-se	*quejarse*
Besen	escombra	*escoba*
Besetzen	ocupar	*ocupar*
Besetzt (Tel.)	està comunicant ocupat, comunica	*está comunicando ocupado, comunica*
Besetzt	ocupat, -ada	*ocupado, -ada*
Besiegen	derrotar	*derrotar*
Besiegt sein	ser vençut, -uda	*ser vencido, -a*
Besteck(e)	cobert(s)	*cubierto(s)*
Bestimmungsort	destinació	*destino*
Besuchen	visitar	*visitar*
Betäubungsspritze	injecció anestèsica	*inyección anestésica*
Betreten verboten	prohibit el pas	*prohibido el paso*
Betrügen	enganyar	*engañar*
Bett	llit	*cama*
Bettwäsche	roba de llit	*ropa de cama*
Bewegen	moure	*mover*
Bewegliches Ziel	blanc mòbil,	*blanco móvil,*
Bewußtsein verlieren	perdre el coneixement	*perder el conocimiento*
Bewußtsein wiedererlangen	recobrar el coneixement	*volver en si*
Biathlon	biatló, prova combinada	*biatlón, prueba combinada*
Bibliothek	biblioteca	*biblioteca*
Bibliothekar, -in	bibliotecari, -ària	*bibliotecario, -aria*
Bier	cervesa	*cerveza*
Bier vom Faß	cervesa de barril	*cerveza de barril*
Bierstube	cerveseria	*cervecería*
Bild	quadre	*cuadro*
Bild- und Ton-artikel	articles d'imatge i so	*artículos de imagen y sonido*
Billard	billar	*billar*
Billig	barat, -a	*barato, -a*
Binde	bena	*venda*
Binde (Damen-)	compresa	*compresa*

Birne	pera	*pera*
Bis bald!	fins aviat!	*¡hasta luego!*
Bis gleich	fins ara	*hasta ahora*
Bis morgen!	fins demà!	*¡hasta mañana!*
Bitte	sisplau!	*¡por favor!*
Bitter	amarg, -a	*amargo, -a*
Blau	blau, -ava	*azul*
Bleiben	restar, quedar (-se)	*quedarse*
Bleifreies Benzin	gasolina sense plom	*gasolina sin plomo*
Bleistift	llapis	*lápiz*
Blinddarm	cec, intestí cec	*ciego, intestino ciego*
Blinddarment-zündung	apendicitis f	*apendicitis f*
Blinker	intermitent	*intermitente*
Blond	ros, rossa	*rubio, -a*
Blumen	flors	*flores*
Blumengeschäft	floristeria	*floristería*
Blumenkohl	col-i-flor	*coliflor*
Bluse	brusa, camisa de dona	*blusa, camisa de mujer*
Blut	sang f	*sangre f*
Blut abnehmen	prendre(-li) sang	*sacar(le) sangre*
Blutdruck haben, niedrigen/hohen	tenir la pressió baixa / alta	*tener la presión baja / alta*
Blutdruck messen	prendre(-li) la pressió	*tomar (le) la presión*
Blutdruck	pressió arterial, tensió f	*presión arterial, tensión*
Bluten	sagnar, estar sagnant	*sangrar, estar sangrando*
Blutgruppe	tipus de sang	*tipo de sangre*
Bluttransfusion	transfusió de sang	*transfusión de sangre*
Blutuntersuchung	anàlisi de sang f	*análisis de sangre m*
Bob	bobsleigh	*bob*
Boden	terra	*tierra*
Bodenübungen	exercicis a terra	*ejercicios de tierra*
Bogenschießen	tir amb arc	*tiro con arco*
Bogenschütze	tirador -a amb arc	*tirador -a con arco*
Bohnen, grüne	mongetes tendres	*judías verdes, vainas*
Bohnen, weiße	fesol, mongetes	*alubias*
Bohneneintopf	mongetes estofades, cassola de faves	*fabada, cazuela de habas*
Bonbons	caramels, confits	*caramelos, confites*
Boot	bot	*bote*

Bord, an... gehen	embarcar-se	*embarcarse*
Bordkarte	targeta d'embarcament	*tarjeta de embarque*
Börse	borsa	*bolsa*
Botschaft	ambaixada	*embajada*
Bouillon	brou	*caldo*
Boulevard	passeig, rambla	*paseo*
Boxen	boxa, pugilisme	*boxeo, pugilismo*
Boxer	boxador, púgil	*boxeador, púgil*
Brandwein	aiguardent	*aguardiente*
Bratwurst	botifarra	*butifarra*
Braun	marró	*marrón*
Bräunen, sich	bronzejar-se	*broncearse*
Braut, Verlobte	núvia, promesa	*novia*
Brechen	trencar	*romper*
Breit	ample, -a	*ancho, -a*
Bremse	fre	*freno*
Bremsen	frenar	*frenar*
Bremsen, das	frenada	*frenazo*
Bremsflüssigkeit	líquid de frens	*líquido de frenos*
Bremslicht	llum de fre	*luz de «pare»*
Brennstoff	combustible	*combustible*
Bridge	bridge	*bridge*
Brief	carta	*carta*
Brief einwerfen	tirar una carta	*echar / tirar una carta*
Briefkasten	bústia	*buzón*
Briefmarke	segell	*sello*
Briefmarkenverkauf	venda de segells	*venta de sellos*
Briefmarken- verkäufer	venedor /expenedor de segells	*expendedor de sellos*
Briefpapier	paper de cartes	*papel de cartas*
Brieftasche	cartera	*cartera*
Briefträger	carter	*cartero*
Briefumschlag	sobre	*sobre*
Brillant, glänzend	brillant	*brillante*
Brille	ulleres f pl	*gafas f pl*
Brise	brisa	*brisa*
Bronchitis	bronquitis f	*bronquitis f*
Bronze	bronze	*bronce*
Bronzemedaille	medalla de bronze	*medalla de bronce*
Brot	pa	*pan*
Brot mit Tomate	pa amb tomàquet	*pan con tomate*

Brötchen	panet, llonguet	*panecillo*
Brücke	pont	*puente*
Bruch, Hernie	hèrnia	*hernia*
Bruder, älterer	germà gran	*hermano mayor*
Bruder, Geschwister	germà, germans	*hermano(s)*
Bruder, jüngerer	germà petit	*hermano menor*
Brühe	consomé	*consomé*
Brunnen	font f, brollador	*fuente f, surtidor*
Brust (Geflügel)	pit	*pechuga*
Brust, Brüste	pit(s)	*pecho(s)*
Brustschwimmen	braça, estil braça	*braza, estilo braza*
Buch	llibre	*libro*
Buchhandlung	llibreria	*librería*
Bucht	cala	*cala*
Büffet	bufet	*bufet*
Bug	proa	*proa*
Bügeleisen	planxa	*plancha*
Bügeln	planxar	*planchar*
Bummelzug	(tren) òmnibus	*(tren) ómnibus*
Bungalow	bungalow	*bungalow*
Bürgersteig	calçada	*calzada*
Bürgersteig	vorera	*acera*
Büro, Amt	oficina, escriptori	*oficina, escritorio*
Bürste	raspall	*cepillo*
Bus	bus	*bus*
Bußgeld, Strafe	multa	*multa*
Büstenhalter	sostenidors m pl	*sostén, sujetador*
Butter	mantega	*mantequilla*
Café, Kaffee	cafè	*café*
Campen	acampar	*acampar*
Camping	càmping	*cámping*
Campingwagen	autocaravana	*autocaravana*
Cannelloni	canelons	*canelones*
City-Expreß	tren interurbà	*tren interurbano*
Cocktail	còctel, combinat	*cóctel, combinado*
Cognac	conyac	*coñac*
Computer	ordinador	*ordenador*
Computerprogramme	programes per a ordinador	*programas para ordenador*
Computerspiele	jocs electrònics	*juegos electrónicos*
Cousin(s)	cosí, cosins	*primo(s)*
Creme	crema	*crema*

Crêpes	creps	*creps*
Croissant	croissant	*croissant*
Champagner	cava m, xampany	*cava m, champaña m*
Charterflug	vol xàrter	*vuelo charter*
Chef	cap	*jefe*
Chemie-ingenieur	enginyer, -a químic, -a	*ingeniero, -a químico, -a*
Chemiker, -in	químic, -a,	*químico, -a,*
Chemische Reinigung	tintoreria	*tintorería*
Chemisches Reinigen	neteja en sec, rentat en sec	*limpieza en seco, lavado en seco*
China	Xina	*China*
Chinese, -in	xinès, -esa	*chino, -a*
Chirurg	cirurgià	*cirujano*
Dame, Frau	senyora	*señora*
Damenhemd	camisa de dona	*camisa de mujer*
Danach	després	*después*
Danke	gràcies	*gracias*
Danken	agrair	*agradecer*
Dann	llavors, aleshores	*entonces*
Das (Was ist das?)	això (Què es això?)	*esto / eso (¿Qué es esto / eso?)*
Das gibt es nicht	no n'hi ha	*no hay*
Das	que	*que*
Das, dies	això	*esto*
Daten zur Person	dades personals	*datos personales*
Datum	data	*fecha*
Dauern	durar, trigar	*durar, demorar*
Dauern	tardar	*tardar*
Deck (Schiff)	coberta	*cubierta*
Decke	manta, flassada	*manta*
Defekt	avariat	*averiado*
Degenfechten	esgrima d'espasa	*esgrima de espada*
Demonstrations-sportarten	esports de demostració	*deportes de demostración*
Den Zug verpassen	perdre el tren	*perder el tren*
Denkmal	monument	*monumento*
Deodorant	desodorant	*desodorante*
Der (pl.:die)	el (l', pl.: els)	*el (pl.:los)*
Der (Relativpr.)	que	*que*
Deshalb	per això	*por eso*

Destilliertes Wasser	aigua destil·lada	*agua destilada*
Deutsche Mark	marc(s) alemany(s)	*marco(s) alemán(es)*
Deutsche, -r	alemany, -a	*alemán, -a*
Deutschland	Alemanya	*Alemania*
Devise(n)	divisa(es)	*divisa(s)*
Dezember	desembre	*diciembre*
Dezigramm (10 Gramm)	decagram, deu grams	*decagramo, diez gramos*
Deziliter	decilitre	*decilitro*
Dezimeter	decímetre	*decímetro*
Diabetes	diabetis f	*diabetis f*
Diabetiker, -in	diabètic, -a	*diabético, -a*
Diafilm	pel·lícula per diapositives	*película por diapositivas*
Diamant	diamant	*diamante*
Diapositiv	diapositiva	*diapositiva*
Dick	gras, -assa	*grueso, -a, gordo, -a*
Dick, grob	gruixut, -uda	*grueso, -a*
Dichter, -in	poeta, poetessa	*poeta, poetisa*
Die	la (l', pl.:les)	*la (pl.:las)*
Dienstag	dimarts	*martes*
Diesel	gas-oil	*gasóleo, gasoil*
Dieser	aquest	*este*
Dieser, diese	aquest, -a	*este, a / ese, -a*
Dieses Jahr	aquest any, enguany	*este año*
Diphterie	diftèria	*difteria*
Diplom	diploma m	*diploma m*
Dir, dein, -e	teu, teva	*tuyo, -a; tu*
Direkt	directament	*directamente*
Direkter Flug	vol directe	*vuelo directo*
Direktor, -in	director, -a, gerent	*director, -a, gerente*
Dirigent	director d'orquestra	*director de orquesta*
Diskothek	discoteca	*discoteca*
Diskus	disc	*disco*
Diskuswurf	llançament de disc	*lanzamiento de disco*
Distrikt	districte	*distrito*
Doktor	doctor	*doctor*
Dokumentarfilm	documental	*documental*
Dolmetscher	intèrpret	*intérprete*
Dollar, USA	dòlar(s) EUA	*dólar(es) USA*
Donnerstag	dijous	*jueves*
Donnerwetter!	caram / carai!, ostres!	*¡caramba!, ¡ostras!*

Doppel, Paare	dobles, parelles	*dobles, parejas*
Doppelzimmer	habitació doble,	*habitación doble*
Dort	allí, allà	*allí, allá*
Dose, Büchse	llauna	*lata*
Dosenöffner	obrellaunes	*abrelatas*
Draht	filferro	*alambre*
Drama	drama m	*drama m*
Drehen, abbiegen	girar, tombar	*girar, torcer*
Drei	tres	*tres*
Drei Viertel	tres quarts	*tres cuartos*
Dreihundert	tres-cents, -centes	*trescientos, -as*
Dreisprung	triple salt	*triple salto*
Dreißig	trenta	*treinta*
Dreiundzwanzig	vint-i-tres	*veintitrés*
Dreizehn	tretze	*trece*
Dringend, eilig	urgent	*urgente*
Drink, Glas	copa	*copa*
Dritte	tercer, -a	*tercer(o), -a*
Drittel, ein	un terç	*un tercio*
Drogerie	drogueria	*droguería*
Druck verlieren	desinflar-se	*desinflarse*
Drücken!	empenyeu	*empujar*
Drucker	impressora	*impresora*
Druckerei (Schnell)	impremta (ràpida)	*imprenta (rápida)*
Drucksache, Formular	imprès	*impreso*
Du	tu	*tú*
Dunkelbraun	moreno, -a	*moreno, -a*
Dunkles Bier	cervesa negra	*cerveza negra*
Dünn	prim, -a	*delgado, -a*
Durchfall	diarrea	*diarrea*
Durchwahl	línia directa / exterior	*línea directa / exterior*
Durst haben (großen)	tenir (molta) set f	*tener (mucha) sed f*
Dusche	dutxa	*ducha*
Duschen, sich	dutxar-se, prendre una dutxa	*ducharse*
Duty Free Shop	botiga lliure d'impostos	*tienda libre de impuestos*
Dynamo	dinamo f	*dinamo f*
Dysenterie, Ruhr	disenteria	*disentería*

Eau de Javel	lleixiu	*lejía*
Edelstein	pedra preciosa	*piedra preciosa*
Ehe, Ehepaar	matrimoni	*matrimonio*
Ehebett	llit de matrimoni	*cama de matrimonio*
Ehefrau	dona, muller, esposa	*mujer, esposa*
Ehemann	marit	*marido*
Ehrlich	sincerament	*sinceramente*
Ei	ou	*huevo*
Eilzug	(tren) semidirecte	*(tren) semidirecto*
Ein, -e	un, -a	*un, -a*
Einbahnstraße	carrer de sentit únic	*calle de dirección única*
Einfach	senzill -a	*sencillo -a*
Einfach, leicht	fàcilment	*fácilmente*
Eingeweide, Kutteln	tripes	*tripas, callos*
Einheitspreis	preu únic	*precio único*
Einige	alguns, algunes	*algunos -as*
Einige, mehrere	unes	*unos -as*
Einkäufe	compres	*compras*
Einkäufe tätigen	fer les compres, anar a comprar	*hacer las compras, ir a comprar*
Einkaufszentrum	centre comercial	*centro comercial*
Einladen	convidar	*invitar*
Einladung	invitació	*invitación*
Einlegesohlen	plantilles	*plantillas*
Einlösen (Scheck)	cobrar (un xec)	*cobrar (un cheque)*
Einmal	una vegada, un cop	*una vez*
Einpacken	embolicar	*envolver*
Eins, ein, -e	un, -a	*uno / un, -a*
Einschalten	connectar	*conectar*
Einschlafen	adormir-se	*adormecerse*
Einschreiben	carta certificada	*carta certificada*
Einschreiben per Eilpost	urgent certificat	*urgente certificado*
Einschreiben, sich	matricular-se, inscriure's	*matricularse inscribirse*
Einschreibung	matrícula	*matrícula*
Einstellung, Regulierung	reglatge	*puesta a punto, reglaje*
Eintreten	entrar	*entrar*
Eintritt frei	entrada lliure	*entrada libre*
Eintrittskarte, Platz	entrada, localitat f	*entrada, localidad f*
Einundzwanzig	vint-i-u(n), -una	*veintiuno / veintiún, -una*

Einverstanden	d'acord	*de acuerdo*
Einweisen ins Krankenhaus	hospitalitzar	*hospitalizar*
Einzelzimmer	habitació individual, habitació per a una persona	*habitación sencilla, habitación para una persona*
Eis (Speiseeis)	gelat	*helado*
Eis (Wassereis)	gel	*hielo*
Eisbecher	copa de gelat	*copa de helado*
Eisbecher mit drei Kugeln	copa (de gelat) de tres boles	*copa (de helado) con tres bolas*
Eisen	ferro	*hierro*
Eisenbahn	ferrocarril	*ferrocarril*
Eisenbahn-	ferroviari	*ferroviario*
Eisenbahnführer	guia de ferrocarrils	*guía de ferrocarriles*
Eisenwarenhandlung	ferreteria	*ferretería*
Eishockey	hoquei sobre gel	*hockey sobre hielo*
Eiskunstlauf	patinatge artístic	*patinaje artístico*
Eispeisen	plats d'ous	*platos de huevos*
Eisschnellauf	patinatge de velocitat	*patinaje de velocidad*
Eiswürfel	glaçons	*cubitos de hielo*
Elektriker	electricista, lampista	*electricista*
Elektrizität	electricitat f	*electricidad f*
Elektroartikel	articles d'electricitat	*artículos de electricidad*
Elektrobahn	electrotren	*electrotren*
Elektrogeräte	electrodomèstics	*electrodomésticos*
Elf	onze	*once*
Elfte	onzè, ena	*undécimo, -a*
Eltern	pares	*padres*
Empfang	recepció f	*recepción f*
Empfangen	rebre	*recibir*
Empfänger, -in	destinatari, -ària	*destinatario, -a*
Empfänger unbekannt	destinatari desconegut	*destinatario desconocido*
Empfangsbestätigung	avís de recepció	*aviso de recibo*
Endergebnis	resultat final	*resultado final*
Endstation	terminal f	*terminal f*
Eng	estret, -a	*estrecho, -a*
England	Anglaterra	*Inglaterra*
Engländer (Werkz.)	clau anglesa	*llave inglesa*

Engländer, -in	anglès, -esa	*inglés, -esa*
Enkel	nét	*nieto*
Enkel (pl)	néts	*nietos*
Enkelin	néta	*nieta*
Ente	ànec	*pato*
Enthaarung	depilació f	*depilación f*
Enthaarungscreme	crema / cera depilatòria	*crema / cera depilatoria*
Entscheiden	decidir	*decidir*
Entschuldigung	perdó, perdoni'm	*perdón, perdóneme*
Entwerter	cancel·ladora	*canceladora*
Entwickeln	revelar	*revelar*
Entzündung	inflamació f	*inflamación f*
Epidemie	epidèmia	*epidemia*
Er	ell	*él*
Erbrechen	vomitar	*vomitar*
Erbsen	pèsol	*guisante*
Erbspüree	puré de pèsols	*puré de guisantes*
Erdbeere	maduixa, maduixot	*fresa, fresón*
Erdgeschoß	planta baixa, baixos m pl	*planta baja*
Erfrischungsgetränk(e)	refresc(s)	*refresco(s)*
Erhitzen, sich	escalfar-se	*calentarse*
Erinnern	recordar	*recordar*
Erkälten, sich	refredar-se	*resfriarse*
Erkältet	refredat, constipat	*resfriado, constipado*
Erkältung	refredat	*resfriado*
Erlauben	permetre	*permitir*
Ermäßigung	rebaixa	*rebaja*
Ermüdend, lästig	fatigant, pesant, pesat, -ada	*pesado, -a*
Eröffnungsfeier, offizielle	inauguració oficial	*inauguración oficial*
Ersatzrad	roda de recanvi	*rueda de repuesto, rueda de recambio*
Ersatzschlüssel	duplicat de claus	*duplicado de llaves*
Ersatzteil	peça de recanvi	*pieza de repuesto*
Erste, -r	primer, -a	*primer (o), -a*
Erste Hilfe	primers socors, primers auxilis m pl	*primeros auxilios*
Erste-Hilfe-Station	lloc de primers auxilis	*puesto de primeros auxilios*

Deutsch	Català	Español
Erste-Klasse-Wagon	vagó de primera (classe)	*coche de primera (clase)*
Erzählen	contar	*contar*
Es ist notwendig	cal	*es necesario*
Essen	menjar	*comer*
Essen, das	menjar	*comida*
Essig	vinagre	*vinagre*
Etage	pis, planta	*piso, planta*
Etui	funda	*funda*
Europa	Europa	*Europa*
Europameisterschaft	campionat d'Europa	*campeonato de Europa*
Europäer, -in	europeu, -ea	*europeo, -ea*
Europameister, -in	campió, -ona d'Europa	*campeón, -ona de Europa*
Europarekord	rècord d'Europa	*récord de Europa*
Expedition	expedició	*expedición*
Expresso	cafè	*café solo, sólo*
Expressomaschine	cafetera	*cafetera (exprés)*
Expreßzug	(tren) exprés / directe	*(tren) expreso / directo*
Fabrik	fàbrica	*fábrica*
Fach, Branche	especialitat f, carrera	*especialidad f, carrera*
Fächer	ventall	*abanico*
Fade	insípid, -a	*insípido, -a*
Faden	fil	*hilo*
Fähre	transbordador	*transbordador*
Fahren	conduir	*conducir*
Fahrer	motorista, conductor, -a	*motorista, conductor, -a*
Fahrer (Auto-)	conductor (d'automòbil)	*conductor (de automóvil)*
Fahrerlaubnis	permís de circulació	*permiso de circulación*
Fahrkarte	bitllet, passatge	*billete, pasaje*
Fahrkartenvorverkauf	venda anticipada de bitllets	*venta anticipada de billetes*
Fahrkartenschalter	taquilla, despatx de bitllets	*taquilla, despacho de billetes*
Fahrplan (Zug)	horari (de trens)	*horario (de trenes)*
Fahrrad	bicicleta	*bicicleta*
Fahrzeug(e)	vehicle/s	*vehículo/s*
Falsch	fals, -a	*falso, -a*

Fallschirm	paracaiguda m	*paracaídas*
Fallschirmspringen	paracaigudisme	*paracaidismo*
Familie	família	*familia*
Familienname	cognom(s)	*apellido(s)*
Familienstand	estat civil	*estado civil*
Farbdiafilm	pel·lícula en color per diapositives	*película en color por diapositivas*
Farbe	color	*color*
Farbe (Material)	pintura	*pintura*
Färben	tenyir	*teñir*
Färber	tintorer -a	*tintorero -a*
Februar	febrer	*febrero*
Fechten	esgrima	*esgrima*
Federball-spieler, -in	jugador, -a de badminton	*jugador, -a de badminton*
Fehlen	faltar	*faltar*
Feierlichkeit, Akt	acte	*acto*
Feiertag	(dia m) festiu,	*(día m) festivo*
Feige	figa	*higo*
Feld, Land	camp	*campo*
Feldhockey	hoquei sobre herba	*hockey sobre hierba*
Feldhockey-spieler	jugador d'hoquei sobre herba	*jugador de jockey sobre hierba*
Felsen	roca	*roca*
Fenster	finestra	*ventana*
Ferkel	porcell, garrí	*lechón, cochinillo*
Ferngespräch	telefonada interurbana	*llamada interurbana*
Fernreisezug	tren de llarg trajecte	*tren de largo recorrido*
Fernsehapparat	televisor, TV	*televisor, TV*
Fernsehen, TV	televisió f, tele f	*televisión f, tele f*
Fernsehgerät	televisor, TV	*televisor, TV*
Festsaal	sala de festes	*sala de fiestas*
Feuchtigkeit	humitat f	*humedad f*
Feuchtigkeitslotion	llet hidratant	*leche hidratante*
Feuerlöscher	extintor	*extintor*
Feuersteine	pedres per a l'encenedor	*piedras para mechero*
Feuerwehr	bombers	*bomberos*
Feuerzeug	encenedor	*encendedor, mechero*
Fieber	febre f, temperatura	*fiebre f, temperatura, calentura*

Fieber messen	prendre(-li) la temperatura	*tomar(le) la temperatura*
Fieber, hohes	febre/temperatura alta	*fiebre/temperatura alta*
Fiebersenkend	antipirètic	*antipirético*
Filet	filet	*filete*
Film	pel·lícula, film	*película, filme*
Filmkamera	cambra/màquina de filmar	*cámara / máquina de filmar*
Filmothek	filmoteca	*filmoteca*
Filmrolle	rodet de pel·lícula	*rollo de película*
Filter, Zigarettenspitze	filtre, broquet	*filtro, boquilla*
Finale	final f, finals	*final, finales*
Finden	encontrar, trobar	*encontrar, hallar*
Finger	dit(s)	*dedo(s)*
Fingernagel, Fingernägel	ungla, ungles	*uña(s)*
Finn	finn	*finn*
Fisch	peix	*pez, pescado*
Fisch, Meeresfrüchte	peix, marisc	*pescado, marisco*
Fisch- und Meeresfrüchtetopf	sarsuela de peix i marisc	*zarzuela de pescado y marisco*
Fischfang	pesca	*pesca*
Fischgeschäft	peixateria	*pescadería*
Fischplatte vom Grill	graellada de peix	*parrillada de pescado*
Fischsuppe	sopa de peix	*sopa de pescado*
Flambiert	flamejat, -ada	*flameado, -a*
Flasche	ampolla	*botella*
Flasche / ein Liter Wein	una ampolla / un litre de vi	*una botella / un litro de vino*
Flaschenöffner	obridor	*descapsulador,*
Flash	flash	*flash*
Fleck	taca	*mancha*
Fleckentferner	llevataques	*quitamanchas*
Fleisch	carn f	*carne f*
Fleischklößchen	mandonguilles	*albóndigas*
Fleischklößchensuppe	sopa de mandonguilles	*sopa de albóndigas*
Fleischrollen	rotllos de carn	*rollos de carne*
Fliegen	volar	*volar*
Florettfechten	esgrima de floret	*esgrima de florete*
Florist	florista	*florista*

Flug	vol	*vuelo*
Flughafen	aeroport	*aeropuerto*
Flugsteig	porta d'embarcament	*puerta de embarque*
Flugzeug	avió	*avión*
Flugzeugmodellbau	aeromodelisme	*aeromodelismo*
Fluß	riu	*río*
Flying Dutchman	flying dutchman	*flying dutchman*
Fön (fürs Haar)	assecador (de cabells)	*secador (de pelo)*
Forelle	truita	*trucha*
Formular	fitxa	*ficha*
Fortfahren	continuar, seguir	*continuar, seguir*
Foto	foto f	*foto f*
Fotograf	fotògraf, -a	*fotógrafo, -a*
Fotografie, Foto	fotografia, foto f	*fotografía, foto f*
Fotografieren	fotografiar	*fotografiar*
Fotokopien	fotocòpies	*fotocopias*
Fotokopierladen	copisteria	*copistería*
Frage	pregunta, qüestió f	*pregunta, cuestión f*
Fragen	preguntar	*preguntar*
Frankfurter Würstchen	salsitxes de Frankfurt	*salchichas de Frankfurt*
Frankieren	franquejar	*franquear*
Frankreich	França	*Francia*
Franzose, -ösin	francès, -esa	*francés, -esa*
Französische(r) Franc	franc(s) francès(os)	*franco(s) francés(es)*
Frau	dona, muller	*mujer*
Frau, Dame	senyora	*señora*
Frauen	dones	*señoras*
Fräulein	senyoreta	*señorita*
Frei	lliure	*libre*
Freie Pistole	pistola (lliure)	*pistola (libre)*
Freier Ringkampf	lluita lliure	*lucha libre*
Freilichttheater	teatre a l'aire lliure	*teatro al aire libre*
Freistil	estil lliure	*estilo libre*
Freistilstaffel	relleus d'estil lliure	*relevos de estilo libre*
Freitag	divendres	*viernes*
Friedhof	cementiri	*cementerio*
Frisch	fresc	*fresco*
Friseur, -euse	perruquer, -a	*peluquero, -a*
Friseursalon	perruqueria	*peluquería*
Frisur	pentinat	*peinado*
Frittiert	fregit, -ida	*frito, -a*

Fröhlich	alegre	*alegre*
Fruchtjoghurt	iogurt de fruites	*yogur de frutas*
Fruchtsaft	suc de fruita	*zumo de fruta*
Früh	d'hora	*temprano*
Frühling	primavera	*primavera*
Frühstück	esmorzar, desdejuni	*desayuno*
Frühstücken	esmorzar	*desayunar*
Fühlen	sentir	*sentir*
Führer	guia	*guía*
Führerraum, Komandobrücke	pont/cabina de comandament	*puente / cabina de mando*
Führerschein	permís de conducció	*carné / permiso de conducir*
Füllen, ausfüllen	omplir	*llenar*
Fundbüro	oficina d'objectes perduts	*oficina de objetos perdidos*
Fundsachen	objectes perduts	*objetos perdidos*
Fünf	cinc	*cinco*
Fünfhundert	cinc-cents, -centes	*quinientos, -as*
Fünfkämpfer	penthatlonista	*penthatlonista*
Fünfte	cinquè, -ena	*quinto, -a*
Fünfzehn	quinze	*quince*
Fünfzig	cinquanta	*cincuenta*
Funktionieren	funcionar, marxar	*funcionar, marchar*
Fürchten	témer	*temer*
Fuß, Füße	peu(s)	*pie(s)*
Fußball	futbol	*fútbol, balonpié*
Fußballfeld	camp de futbol	*campo de fútbol*
Fußball-schiedsrichter	àrbitre de futbol	*árbitro de fútbol*
Fußballspieler	futbolista	*futbolista*
Fußgänger	vianant	*peatón*
Fußsohle	planta del peu	*planta (del pie)*
Gabel	forquilla	*tenedor*
Gabelung	bifurcació	*bifurcación*
Galizien	Galicia	*Galícia*
Galizier, -in	gallec, -ega	*gallego, -a*
Galle	bilis f, fel	*bilis f, hiel f*
Gallenstein(e)	càlcul(s) biliar(s)	*cálculo(s) biliar(es)*
Gang (Auto)	marxa	*marcha*
Gang, Marsch	marxa	*marcha*
Gangschaltung	canvi de marxes	*cambio de marchas*

Gans	oca	*ganso, oca*
Ganz	tot -a	*todo -a*
Garage	garatge	*garaje*
Garantie	garantia	*garantía*
Garderobe	guarda-roba m	*guardarropa m*
Garnele	gamba, gambeta	*gamba, camarón*
Garten	jardí	*jardín*
Gasfeuerzeug	encenedor de gas	*encendedor de gas*
Gasflasche	bombona de gas	*bombona de gas*
Gaspacho	gaspatxo	*gazpacho*
Gaspedal	accelerador	*acelerador*
Gastfreundschaft	hospitalitat	*hospitalidad*
Gaze (sterilisiert)	gasa (esterilitzada)	*gasa (esterilizada)*
Gebäude	edifici	*edificio*
Geben	donar	*dar*
Gebiß	dentadura	*dentadura*
Geboren werden	néixer	*nacer*
Gebraten, geröstet	rostit -ida	*asado -a*
Geburtsdatum	data de naixement	*fecha de nacimiento*
Geburtsort	lloc de naixement	*lugar de nacimiento*
Geburtstag	aniversari (del naixement)	*cumpleaños*
Gedärm	intestí	*intestino*
Gefälle, Abhang	pendent m	*pendiente f*
Gefallen	agradar	*agradar, gustar*
Gefaltet	doblat	*doblado*
Geflügel	aviram	*aves*
Geflügelgeschäft	polleria	*pollería, aves*
Gefrierfach	congelador	*congelador*
Gefüllt	farcit, -ida	*relleno, -a*
Gefüllte Paprika	pebrot farcit	*pimiento relleno*
Gegen Mittag	cap al migdia	*hacia (el) mediodía*
Gehackt	picat, -ada	*picado, -a*
Gehen (Sport)	marxa	*marcha*
Gehen	anar	*ir*
Gekocht	bullit, -ida	*hervido, -a*
Gekocht, gar	cuit, -a	*cocido, -a*
Gelb	groc, -oga	*amarillo, -a*
Gelbes Licht	llum groga	*luz amarilla*
Gelbsucht	icterícia	*ictericia*
Geld	diner	*dinero*
Geldautomat	caixer automàtic	*cajero automático*
Gelee	glaçada	*helada*

Gemäßigt	moderat	*moderado*
Gemischter Salat	amanida mixta	*ensalada mixta*
Gemischtes Doppel	dobles mixtos, parelles mixtes	*dobles mixtos*
Gemüse	verdura	*verdura(s)*
Gemüsecremesuppe	crema de verdures	*crema deverduras*
Gemüsegerichte	plats de verdura	*platos de verdura*
Gemüseladen	botiga de verdures	*tienda de verduras*
Gemüsesuppe	minestra de verdures, sopa de verdures	*menestra de verduras, sopa de verduras*
Genau	exactament	*exactamente*
Genau, genaue	exacte, -a	*exacto, -a*
Gendarmerie	guàrdia civil	*guardia civil*
Genehmigen	autoritzar	*autorizar*
Genehmigung	autorització f	*autorización f*
Genug	bastant, prou	*bastante*
Geöffnet	obert, -a	*abierto, -a*
Gepäck	equipatge	*equipaje*
Gepäck aufgeben	facturar l'equipatge	*facturar el equipaje*
Gepäckwagen	carret (per a l'equipatge)	*carrito (para el equipaje)*
Gepäckabholung	recollida d'equipatges	*recogida de equipajes*
Gepäckaufbewahrung	consigna	*consigna*
Gepäckaufgabe	facturació	*facturación*
Gepäcktrager (Auto)	baca	*baca*
Gepäckträger	mosso (d'equipatge)	*mozo (de equipaje)*
Geradeaus	(tot) recte	*(todo) derecho*
Geräteturnen	gimnàstica amb aparells	*gimnasia con aparatos*
Geräuchert	fumat, -ada	*ahumado, -a*
Geröstetes Brot	torrades	*tostadas*
Gesalzen	salat -ada	*salado -a*
Geschäft	magasin, botiga	*tienda*
Geschäftsführer	gerent	*gerente*
Geschenk	regal	*regalo*
Geschenkartikel	objectes de regal	*objetos de regalo*
Geschieden	divorciat, -ada	*divorciado, -a*
Geschirrspülmaschine	rentaplats, rentavaixella	*lavaplatos, lavavajillas*
Geschlechtskrankheit	malaltia venèria	*enfermedad venérea*

Geschlossen	tancat, -ada	*cerrado, -a*
Geschmort	ofegat, -ada	*rehogado, -ada*
Geschwindigkeit	velocitat	*velocidad*
Geschwindigkeit drosseln	reduir la velocitat	*reducir la velocidad*
Geschwindigkeitsbegrenzung	límit de velocitat	*límite de velocidad*
Geschwindigkeitsüberschreitung	excés de velocitat	*exceso de velocidad*
Geschwollen	inflat, -ada	*hinchado, -a*
Gesicht	cara, rostre	*cara, rostro*
Gesichtspuder	pólvores facials	*polvos faciales*
Gestern	ahir	*ayer*
Gesund	sa, sana	*sano -a*
Gesundheit	salut f	*salud f*
Getränk	beguda	*bebida*
Getrennt Lebende, -r	separat -ada	*separado -a*
Gewehr	fusell, carabina	*fusil, carabina*
Gewicht	pes	*peso*
Gewichtheben	halterofilia	*halterofília*
Gewichtheber	halterofilista, aixecador	*halterofilista, levantador*
Gewitter	tempesta, tempestat f	*tormenta*
Gewöhnen, sich	acostumar-se	*acostumbrarse*
Gewohnheit	costum	*costumbre f*
Gewürze	espècies, condiments	*especias, condimentos*
Gift	metzina, verí	*veneno*
Gin	ginebra	*ginebra*
Gladiole	gladiol	*gladiolo*
Glas	got, copa	*vaso, copa*
Glas / Fenster	vidre	*cristal*
Glas Bier	una canya	*una caña*
Glas Wein	un vas / got de vi	*un vaso de vino*
Gläser und Rahmen	vidres i marcs	*vidrios y marcos*
Glatt	llis, -a	*liso, -a*
Glauben	creure	*creer*
Gleichzeitig	al mateix temps, alhora	*al mismo tiempo*
Gleis, Fahrbahn	via	*vía carril*
Gleitflug	planatge	*planeo*
Gliedmaßen	extremitats f pl	*extremidades f pl*
Glücklich	feliç	*feliz*
Glückwunsch!	enhorabona!	*¡enhorabuena!*

Glückwunsch-telegramm	telegrama de felicitació	*telegrama de felicitación*
Glühbirne	bombeta	*bombilla*
Gold	or	*oro*
Goldfarben	daurat, -ada	*dorado, -a*
Goldkette	cadena d'or	*cadena de oro*
Goldmedaille	medalla d'or	*medalla de oro*
Goldschmiede-arbeiten	articles d'orfebreria	*artículos de orfebrería*
Golf	golf	*gol*
Grad	grau	*grado*
Grad Celsius	Celsius grau, Celsi, grau	*grado Celsi, grado centígrado*
Gramm	gram	*gramo*
Grammatik	gramàtica	*gramática*
Granatapfel	magrana	*granada*
Grau	gris, -a	*canoso, -a, gris, -a*
Gravierkunst	gravat d'objectes	*grabado de objetos*
Gries	sèmola	*sémola*
Grill, vom	a la brasa	*a la brasa, braseado, -a*
Grillteller	graellada de carn	*parrillada de carne*
Grippe	grip	*gripe*
Groß	gran	*grande, gran*
Groß, hoch	alt, -a	*alto, -a*
Großbritannien	Gran Bretanya	*Gran Bretaña*
Großeltern	avis	*abuelos*
Großmutter	àvia	*abuela*
Großvater	avi	*abuelo*
Grün	verd -a	*verde*
Grünes Gemüse	hortalisses	*hortalizas*
Grünes Licht	llum verda	*luz verde*
Gruppe	grup	*grupo*
Grüßen	saludar	*saludar*
Gulasch, ungarischer	goulash a l'hongaresa	*goulash a la húngara*
Gummi	goma	*goma*
Gurke(n)	cogombre(s)	*pepino(s)*
Gürtel	cinturó, cinyell	*cinturón*
Gut	bo, bona	*bueno, -a*
Gut, ok	bé	*bien*
Gute Nacht!	bona nit!	*¡buenas noches!*
Guten Appetit	bon profit! que aprofiti!	*¡que aproveche!*

Deutsch	Català	Español
Guten Tag (bis 14 h)	bon dia!	*¡buenos días!*
Güterzug	(tren de) mercaderies m	*(tren de) mercancías m*
Gymnasium	institut (de batxillerat)	*instituto (de bachillerato)*
Gymnastik	gimnàstica	*gimnasia*
Gymnastin	gimnasta	*gimnasta*
Haare	cabells m pl	*pelo, cabellos m pl*
Haarfärbung	tint de cabells	*teñido de pelo*
Haarpflegeprodukte	articles de perruqueria	*artículos de peluquería*
Haarschnitt	tallat de cabells	*corte de pelo*
Haarwäsche	rentat de cabells	*lavado de cabeza*
Haben	tenir, haver	*tener, haber*
Hackfleisch	carn capolada / picada	*carne picada*
Hafen	port	*puerto*
Hafen, Seehafen	port, estació marítima	*puerto, estación marítima*
Hagel	calamarsa, pedra	*granizo, piedra*
Hähnchen	pollastre	*pollo*
Halbe, -r	mig, mitjà	*medio, -a*
Halbe Stunde	mitja hora	*media hora*
Halbpension	mitja pensió	*media pensión*
Hälfte	meitat f	*mitad f*
Hals	coll	*cuello*
Halskette	collaret	*collar*
Halsschmerzen	mal de coll	*dolor de garganta*
Haltestelle (Zug)	baixador	*apeadero*
Haltestelle	parada	*parada*
Hallo!	hola!	*¡hola!*
Hallo, hören Sie!	escolti 'm, escolti	*óigame, ¡oiga!*
Hammel	moltó, xai	*carnero*
Hammer	martell	*martillo*
Hammerwurf	llançament de martell	*lanzamiento de martillo*
Hämorrhoide	hemorroide f	*hemorroide f*
Hand, Hände	mà, mans	*mano(s)*
Handball	handbol	*balonmano*
Handballspieler	jugador d'handbol	*jugador de balonmano*
Handbremse	fre de mà	*freno de mano*
Handel	comerç, botiga	*comercio, tienda*

Handels- und Serviceunternehmen	establiments comercials i de serveis	*establecimientos comerciales y de servicios*
Handfläche	palmell	*palma (de la mano)*
Handgepäck	equipatge de mà	*equipaje de mano*
Händler	comerciant, -a	*comerciante*
Handschuhe	guants	*guantes*
Handtasche	bossa de mà	*bolso de mano*
Handtuch	tovallola	*toalla*
Hängend	penjoll	*colgante*
Hart	duro	*duro*
Hartgekochte Eier	ous durs	*huevos duros*
Hase	llebre, conill de bosc	*liebre*
Haselnuß	avellana	*avellana*
Hauptdarsteller	protagonista	*protagonista*
Hauptpost	central de correus	*central de correos*
Hauptschule	escola primària	*escuela primaria*
Hauptspeise	plat fort	*plato fuerte*
Haus	casa	*casa*
Häuschen	caseta	*caseta*
Hausfrau	mestressa de casa	*ama de casa*
Haushaltswaren	articles per a la llar	*artículos domésticos, artículos para el hogar*
Hauskleid	bata	*bata*
Hausmeister	conserge	*conserje*
Hauswein	vi de la casa	*vino de la casa*
Haut	cutis	*cutis*
Heck	popa	*popa*
Heft	quadern, llibreta	*cuaderno, libreta*
Heftpflaster	esparadrap	*esparadrapo*
Heimwerken	bricolatge	*bricolage*
Heirat	noces, boda, casament	*boda*
Heiraten	casar-se,	*casarse*
Heiß	calent, -a	*caliente*
Heißen	dir-se	*llamarse*
Heizkörper	radiador	*radiador*
Heizofen	estufa	*estufa*
Heizung	calefacció f	*calefacción f*
Hektar	hectàrea	*hectarea*
Hektoliter	hectolitre	*hectolitro*
Helfen	ajudar	*ayudar*
Helm	casc	*casco*
Hepatitis	hepatitis f	*hepatitis f*

Herausnehmen	treure	*sacar, retirar*
Herausschrauben	descargolar	*destornillar*
Herausziehen	treure, arrencar	*sacar, arrancar, extraer*
Herberge	fonda, posada	*fonda, posada*
Herbst	tardor f	*otoño*
Herein!	endavant!	*¡adelante!*
Hering	areng	*arenque*
Herr	senyor	*señor*
Herren	homes	*caballeros*
Herrenhemd	camisa, camisa d'home	*camisa, camisa de hombre*
Hervorragend	excel·lent	*excelente*
Herz	cor	*corazón*
Herzanfall	atac cardíac, atac de cor	*ataque cardíaco, ataque de corazón*
Herzinfarkt	infart (de miocardi)	*infarto (de miocardio)*
Heute	avui	*hoy*
Heute morgen	aquest matí	*esta mañana*
Hi-Fi-Anlage	equip d'alta fidelitat	*equipo de alta fidelidad*
Hier	aquí, ací	*aquí, acá*
Hierhin	cap aquí	*hacia aquí*
Hilfe!	socors!, auxili!	*¡socorro!*
Himbeere	gerd, gerdó	*frambuesa*
Himmel	cel	*cielo*
Hinauf-, Einsteigen	pujar (a)	*subir (a)*
Hindernislauf	cursa d'obstacles, jumping	*carrera de / con obstáculos*
Hinfahrt	anada	*ida*
Hinlegen, -stellen	posar	*meter*
Hinter	darrere	*detrás*
Hinuntergehen	baixar	*bajar*
Hinweis	avís	*aviso*
Hinzufügen	afegir	*añadir*
Hirn	cervell	*seso*
Hirsch	cérvol	*ciervo*
Hitze	calor f	*calor*
Hochachtungsvoll	atentament	*atentamente*
Hochsprung	salt d'alçada	*salto de altura*
Hochsprungwettbewerb	prova de salt	*prueba de salto*
Höchsttemperatur	temperatura màxima	*temperatura máxima*

Hochzeit	noces, boda, casament	*boda*
Höflich	cortès, -esa, educat, -ada	*cortés, educado, -a*
Honig	mel	*miel*
Hose(n)	pantalons m pl	*pantalón, pantalones m pl*
Hosentasche	butxaca	*bolsillo*
Hotel	hotel	*hotel*
Hotel, Motel	parador	*parador*
Hübsch	maco, -a	*guapo, -a*
Hüfte (Fleisch)	culata	*culata*
Huhn	gallina	*gallina*
Hühnerstall	galliner	*gallinero*
Hülsenfrüchte-cremesuppe	crema de llegums	*crema de legumbres*
Hummer	llamàntol	*bogavante*
Hund	gos	*perro*
Hundert	cent	*ciento / cien*
Hundert Prozent Baumwolle	cotó cent per cent	*algodón ciento por ciento*
Hundertstel, ein	un centèsim	*un centésimo*
Hunger haben (viel)	tenir (molta) gana	*tener (mucha) hambre f*
Hupe	botzina, clàxon	*bocina, claxon*
Hürdenlauf	cursa de tanques	*carrera de vallas*
Husten	tossir	*toser*
Husten, der	tos f	*tos f*
Hustenmittel	calmant de la tos	*calmante de la tos*
Hut	barret, capell	*sombrero*
Ibiza	Eivissa	*Ibiza*
Ibiza, aus	eivissenc, -a	*ibicenco, -a*
Ich	jo	*yo*
Ich muß kaufen	he de comprar	*he de comprar*
Ihm / ihr	d'ell, d'ella	*de él, de ella*
Ihnen, Ihr, -e	vostre, -a	*vuestro, -a*
Ihnen, ihr	d'ells, d'elles, llur	*de ellos, de ellas*
Ihr	vosaltres m pl	*vosotros m, vosotras f*
Im Morgengrauen	a la matinada	*en la madrugada*
Im Zentrum	al centre	*en el centro*
Immer	sempre	*siempre*
Impfen	vacunar	*vacunar*
In bar	al comptat, en efectiu/ metàl·lic	*al contado, en efectivo / metálico*

In Butter gewendet	saltat -ada	*salteado -a*
In einer Stunde	d'aquí a una hora	*dentro de una hora*
In einer Woche	d'avui en vuit	*de aquí a ocho días*
In Farbe	de color	*de color*
In Raten	a terminis	*a plazos*
In Rechnung stellen	facturar	*facturar*
Individuell	individual	*individual*
Infektion	infecció f	*infección f*
Informatik, EDV	informàtica	*informática*
Information	informació f	*información f*
Ingenieur	enginyer, -a	*ingeniero, -a*
Inlandsflug	vol nacional / interior	*vuelo nacional*
Innenzimmer	habitació interior	*habitación interior*
Ins Finale kommen	classificar-se (per finals)	*clasificarse (para finales)*
Insel	illa	*isla*
Installation, Anlage	instal·lació	*instalación*
Instrument	instrument	*instrumento*
Intelligent	intel·ligent	*inteligente*
Interessant	interessant	*interesante*
Interesse	interès	*interés*
Isolierband	cinta aïllant	*cinta aislante*
Italien	Itàlia	*Italia*
Italiener, -in	italià, -ana	*italiano, -a*
Italienische Lire	lira(es) italiana(es)	*lira(s) italiana(s)*
Ja bitte?!	digui! digui'm	*¡diga!, ¡dígame!*
Ja	sí	*sí*
Jacke, Sakko	jaqueta, americana	*chaqueta, americana*
Jagd	caça	*caza*
Jahr	any	*año*
Jahreszeit	estació f	*estación f*
Jahrhundert	segle	*siglo*
Januar	gener	*enero*
Japan	Japó	*Japón*
Japaner, -in	japonès, -esa	*japonés, -esa*
Jasmin	gessamí, llesamí	*jazmín*
Jeans	pantalons vaquers / texans	*pantalones vaquero /s, tejano/s*
Jede, -n, -s	cada	*cada*

Jeden Tag	cada dia	*cada día*
Jener, jene	aquell, -a	*aquel, aquella*
Jenes, das	allò	*aquello*
Jetzt	ara	*ahora*
Joghurt	iogurt	*yogur*
Jolle, 470er-	vela 470, el 470	*vela 470, el 470*
Journalist	periodista	*periodista*
Juckreiz	picor	*picor*
Judo	judo	*judo*
Judoka	judoka	*judoka*
Jugendfrei	apta tots els públics	*apta, todos los públicos*
Jugendherberge	alberg de joventut	*albergue de juventud*
Juli	juliol	*julio*
Jung, junge Leute	jove(s)	*joven, jóvenes*
Junge	noi, nen	*niño, muchacho, chico*
Juni	juny	*junio*
Jury	jurat	*jurado*
Juwelierladen	joieria	*joyería*
Kabel	cable	*cable*
Kabeljau	bacallà	*bacalao*
Kabine	cabina	*camarote*
Kahlköpfig	calb, -a	*calvo, -a*
Kai, Mole	moll	*muelle*
Kakao	cacau	*cacao*
Kaktus	cactus	*cacto*
Kalb, Kalbfleisch	vedella, carn de vedella	*ternera, carne de ternera*
Kalbsmedaillons	medallons de vedella	*medallones de ternera*
Kalbsrouladen	rotllos de vedella	*revueltos de ternera*
Kalender	calendari	*calendario*
Kalt	fred, -a	*frío, -a*
Kamm	pinta	*peine*
Kämmen	pentinar	*peinar*
Kanarische Inseln	Illes Canàries	*Islas Canarias*
Kandiert	confitat, -ada	*confitado, -a*
Kaninchen	conill	*conejo*
Kanufahren	piragüisme (en aigües tranquil·les)	*piragüismo (en aguas tranquilas)*
Kanufahrer	piragüista	*piragüista*
Kanute	canoer	*canoero*
Kapelle	capella	*capilla*

Kapitan	capità	*capitán*
Kardanwelle	arbre del cardan	*árbol del cardán*
Karosserie	carrosseria	*carrocería*
Karpfen	carpa	*carpa*
Karte (Visiten-)	targeta	*tarjeta*
Karte, Plan	mapa m, plànol	*mapa m, plano*
Karten spielen	jugar a les cartes	*jugar a las cartas*
Kartenvorverkauf	venda anticipada de localitats	*venta anticipada de localidades*
Kartoffel(n)	patata(es)	*patata(s)*
Kartoffelpüree	puré de patates	*puré de patatas*
Käse	formatge	*queso*
Käseplatte	safata de formatges	*surtido de quesos*
Kasse	caixa	*caja*
Kasserole	cassola	*cazuela*
Kassette	cassette f, casete	*cassette*
Kassieren	cobrar	*cobrar*
Kassierer, -in	caixer, -a	*cajero, -a*
Kastanienbraun	castany, -a	*castaño, -a*
Kastilier, -in	castellà, -ana	*castellano, -a*
Katalan-e, -in	català, -ana	*catalán, -a*
Katalanischer Eintopf	escudella	*«escudella»*
Katalonien	Catalunya	*Cataluña*
Kathedrale	catedral f	*catedral f*
Katze	gat	*gato*
Kauf	compra	*compra*
Kaufen	comprar	*comprar*
Kaufhaus	gran magatzem	*gran almacén*
Kaugummi	xiclet	*chicle, goma de mascar*
Kaviar	caviar	*caviar*
Kegeln	joc de bitlles	*juego de bolos*
Keinen Appetit haben	no tenir gana	*no tener apetito*
Kekse	galetes	*galletas*
Kellner, -in	cambrer -a	*camarero -a*
Kennen	conèixer	*conocer*
Kennzeichen (Kfz)	matrícula	*matrícula*
Keramik	ceràmica,	*cerámica*
Kerze (Auto)	bugia	*bujía*
Kerze	espelma	*vela*

Ketchup	catsup	*catsup*
Kette	cadena	*cadena*
Keuchhusten	tos ferina	*tos ferina*
Kfz.- Reparaturwerkstatt	taller de reparació d'automòbils	*taller de reparación de automóviles*
Kichererbse	cigró	*garbanzo*
Kiesel	galet, còdol	*guijarro*
Kilogramm, Kilo	quilogram, quilo	*kilogramo, kilo*
Kilometer	quilòmetre	*kilómetro*
Kind erwarten	esperar un nen	*esperar un niño*
Kind(er), allg.	nen(s)	*niño(s)*
Kinder	fills	*hijos*
Kinderfilm	pel·lícula infantil	*película infantil*
Kinderkrankheit	malaltia infantil	*enfermedad infantil*
Kinderwagen	cotxet	*cochecito*
Kinn	barbeta	*mentón, barbilla*
Kino	cine, cinema m	*cine, cinema*
Kiosk	quiosc	*quiosco*
Kirche	església	*iglesia*
Kirsche	cirera	*cereza*
Kissen	coixí	*almohada*
Kittel	bata	*bata*
Klar, hell	clar, -a	*claro, -a*
Klasse	classe f	*clase f*
Klassifizierung	classificació f	*clasificación f*
Klassischer Ringkampf	lluita greco-romana	*lucha grecorromana*
Kleben	enganxar	*pegar*
Klebstoff	goma d'enganxar	*pegamento*
Kleid	vestit	*vestido*
Kleiderbügel	penjador	*colgador*
Kleidung	roba	*ropa*
Klein	petit, -a	*pequeño, -a*
Kleinbus	microbus	*microbús*
Kleine(r) Schein(e)	bitllet(s) petit(s)	*billete(s) pequeño(s)*
Kleingeld	canvi, moneda fraccionària	*suelto, moneda fraccionaria*
Kleinlaster	furgoneta	*furgoneta*
Klempner	fontaner	*fontanero*
Klimaanlage	aire condicionat	*aire acondicionado*
Klingel	timbre	*timbre*
Klinik	clínica	*clínica*
Klopfen	picar	*golpear, picar*

Klub, Sportklub	club, club esportiu	*club, club deportivo*
Knie	genoll	*rodilla*
Knoblauch	all	*ajo*
Knoblauchsauce	allioli	*alioli*
Knochen	os, ossos	*hueso(s)*
Knockout, K.O.	knock-out, K.O.	*knock-out, K.O.*
Knopf, Knöpfe	botó, botons	*botón, botones*
K.O.	fora de combat	*fuera de combate*
K.O. durch Aufgabe, RSC	K.O. tècnic, f inferioritat	*K.O. técnico, inferioridad f*
Koch, Köchin	cuiner, -a	*cocinero, -a*
Kochen, garen	coure	*cocer*
Kochen, zubereiten	cuinar	*cocinar*
Koffeinfreier Kaffee	cafè descafeïnat	*café descafeinado*
Koffer	maleta	*maleta*
Kofferraum	maleter	*maletero*
Kohl	col f	*col f, berza, repollo*
Kolik	còlic	*cólico*
Kölnisch Wasser	colònia, aigua de Colònia	*colonia, agua de Colonia*
Kommen	venir	*venir*
Kommission	comissió f	*comisión f*
Komödie	comèdia	*comedia*
Kompaktdisk	compacte, compact disc	*disco compacto, compact disc*
Kompliziert	complicat, -ada	*complicado, -a*
Komponist, -in	compositor, -a	*compositor, -a*
Konditorei	pastisseria	*pastelería*
Kondom, Präservativ	preservatiu	*preservativo*
Konfekt	rebosteria	*repostería*
Können	poder	*poder*
Konsulat	consulat	*consulado*
Konsultieren, einen Arzt	consultar un metge, anar a veure un metge	*consultar un médico, ir a ver un médico*
Konto	compte	*cuenta*
Kontokorrent	compte corrent	*cuenta corriente*
Kontokorrent eröffnen	obrir un compte corrent,	*abrir una cuenta corriente*
Kontostand	estat de compte	*estado de cuenta*
Kontrolle	control	*control*
Konzert	concert	*concierto*

Kopf	cap	*cabeza*
Kopfsalat	enciam, lletuga	*lechuga*
Kopfschmerzen	mal de cap	*dolor de cabeza*
Kopfschmerzen haben	fer(-li) mal el cap tenir mal de cap	*dolerle la cabeza, tener dolor de cabeza*
Kopfschmerztabletten	comprimits contra el mal de cap	*comprimidos contra el dolor de cabeza*
Kopie	còpia	*copia*
Kopie machen	fer una còpia	*sacar una copia*
Korkenzieher	obreampolles, tirabuixó	*sacacorchos*
Körper	cos	*cuerpo*
Korregieren	corregir	*corregir*
Korrespondenz	correspondència	*correspondencia*
Korridor	passadís	*pasillo, corredor*
Kosmetikerin	esteticista	*esteticista*
Kosten	costar, valer	*costar, valer*
Kostenlos	gratis	*gratis*
Koteletten	costelles	*chuletas*
Kotflügel	parafang	*guardabarros*
Krabbencocktail	còctel de gambes	*còctel de gambas*
Krake	pop	*pulpo*
Kraken in eigener Tinte	pops amb la tinta	*pulpos en su tinta*
Krank, krank sein	malalt, -a, estar malalt, -a	*enfermo, -a, estar enfermo*
Krank werden	emmalaltir-se, posar-se malalt	*enfermarse, caer enfermo*
Kranke, der/die	malalt, -a, pacient	*enfermo, -a, paciente*
Krankenhaus	hospital	*hospital*
Krankenpfleger, -schwester	infermer, -a	*enfermero, -a*
Krankheit	malaltia	*enfermedad*
Krankheit, chronische	malaltia crònica	*enfermedad crónica*
Krankheit, ansteckende	malaltia contagiosa	*enfermedad contagiosa*
Kraus	arrissat, -ada, cresp, -a	*rizado, -a, crespo, -a*
Kravatte	corbata	*corbata*
Krebs	càncer	*cáncer*
Krebs	cranc	*cangrejo*
Kredit	crèdit prèstec	*crédito préstamo*

Kredit beantragen	demanar un crèdit	*pedir un crédito*
Kredit geben / beantragen	donar / demanar un crèdit	*dar / pedir un crédito*
Kreditkarte	targeta de crèdit	*tarjeta de crédito*
Kreuzung	encreuament, cruïlla	*cruce*
Kreuzworträtsel	mots encreuats m pl	*crucigrama m*
Kricket	criquet, cricket	*criquet, cricket*
Kriminalfilm	pel·lícula de lladres i serenos, pel·lícula policíaca	*película policíaca*
Kriminalroman	novel·la policíaca	*novela policíaca*
Kristallware	cristalleria	*cristalería*
Kroketten	croquetes	*croquetas*
Kubikmeter	metre cúbic	*metro cúbico*
Kubikzentimeter	centímetre cúbic	*centímetro cúbico*
Küche, Herd	cuina	*cocina*
Kuchen	pastís	*pastel, tarta*
Küchengeschirr	bateries de cuina	*baterías de cocina*
Kugelschreiber	bolígraf	*bolígrafo*
Kugelstoß	llançament de pes	*lanzamiento de peso*
Kühlflüssigkeit	líquid de refrigeració	*líquido de refrigeración*
Kühlschrank	frigorífic, nevera	*frigorífico, nevera*
Kunde	client, -a	*cliente*
Kunst- und Turmspringen	salt(s) de trampolí i de palanca	*salto(s) de trampolín y de palanca*
Kunstfaser	fibra artificial	*fibra artificial*
Kunstgalerie	sala / galeria d'art	*sala / galería de arte*
Kunsthandwerk	artesania popular	*artesanía popular*
Künstler	artista	*artista*
Kunstspringer, -in	saltador -a de palanca	*saltador -a de palanca*
Kupfer	coure	*cobre*
Kupplung	embragatge	*embrague*
Kupplungshebel	palanca de canvi de marxes	*palanca de cambio de marchas*
Kurs (Seefahrt)	rumb	*rumbo*
Kursus	curs, classe f	*curso, clase*
Kurve	revolt	*curva*
Kurz	curt, -a	*corto, -a*
Kurz, knapp	breu	*breve*
Kurzfilm	curt-metratge	*cortometraje*
Kurzgebraten	a la planxa	*a la plancha*

Kurzwarenladen	merceria, vetes-i-fils	*mercería*
Kusine	cosina	*prima*
Küste	costa	*costa*
Labor	laboratori	*laboratorio*
Lack (Haar-)	laca (per als cabells)	*laca (para el pelo)*
Lächeln	somriure	*sonreír*
Lachen	riure	*reír*
Lagenschwimmen	quatre estils	*cuatro estilos*
Lagenstaffel	relleus d'estils	*relevos de estilos*
Lager	magatzem	*almacén*
Lagerfeuer	foguera	*hoguera*
Lamm	anyell, be	*cordero*
Lampe	làmpada, llum	*lámpara*
Land	país	*país*
Land, Feld	camp	*campo*
Landebahn	pista d'aterratge	*pista de aterrizaje*
Landen	aterrar	*aterrizar*
Landstraße	carretera	*carretera*
Landung	aterratge	*aterrizaje*
Lang	llarg, -a	*largo, -a*
Lange Zeit	molt (de) temps	*mucho tiempo*
Langsam	lent, -a	*lento, -a*
Languste	llagosta	*langosta*
Langweilen, sich	avorrir-se	*aburrirse*
Lästig	pesant, pesat, -ada	*pesado, -a*
Lauf	cursa plana / llisa	*carrera plana / lisa*
Laufen	córrer	*correr*
Laufsteg, Übergang	passarel·la, pas superior	*pasarela, paso superior*
Laut	en veu alta	*en voz alta, alto*
Lautsprecher	altaveu	*altavoz*
Leben	viure	*vivir*
Leben, das	vida	*vida*
Lebendig	viu, viva	*vivo, -a*
Leber	fetge	*hígado*
Leberpastete	paté	*paté*
Leberwurst	pâté, foie gras	*foie gras*
Leder, Haut	pell f	*piel f*
Ledig	solter, -a	*soltero, -a*
Leer	buit -ida	*vacío, -a*
Legen (Haare)	marcar	*marcar*
Lehre, Unterricht	ensenyament	*enseñanza*

Lehren	ensenyar	*enseñar*
Lehrer, -in	professor, -a	*profesor, -a*
Lehrer, -in (Schul-)	mestre, -a (d'escola)	*maestro, -a (de escuela)*
Lehrerschaft	professorat	*profesorado*
Leicht (Gewicht)	lleuger, -a	*ligero, -a*
Leicht, einfach	fàcil	*fácil*
Leichtathletik	atletisme	*atletismo*
Leiden	sofrir, patir	*sufrir*
Leihen	prestar	*prestar*
Leim	cola	*cola*
Leinen	lli, fil, bri	*lino, hilo*
Leintuch, Bettlaken	llençol	*sábana*
Leise	en veu baixa	*en voz baja, bajo*
Leiter	escala	*escala*
Leitung	línia	*línea*
Lende	llom	*lomo*
Lenkrad	volant	*volante*
Lernen, merken	assabentar-se, aprendre	*enterar-se, aprender*
Lesen	llegir	*leer*
Letzte Woche	la setmana passada	*la semana pasada*
Letztes Jahr	l'any passat,	*el año pasado*
Leuchtturm	far	*faro*
Licht	llum	*luz*
Lichter, Beleuchtung	els llums, enllumenat	*las luces, alumbrado*
Lidschatten	ombra d'ulls, ombrejador	*sombra de ojos*
Lieben, mögen	estimar	*querer, amar*
Liege	gandula, cadira extensible	*hamaca, silla extensible*
Liegewagen	llitera	*litera*
Liegewagen	vagó-llitera	*coche litera*
Likör	licor	*licor*
Limonade	llimonada	*limonada*
Limone	llima	*lima*
Linie, durchgezogene	línia contínua	*línea continua*
Linienbus	cotxe de línia	*coche de línea*
Linienflug	vol regular	*vuelo regular*
Links	a l'esquerra	*a la izquierda*
Linse	lentilla	*lenteja*

Linseneintopf	cassola de llenties	*cazuela de lentejas*
Lippe(n)	llavi(s)	*labio(s)*
Lippenstift	llapis de llavis	*lápiz de labios*
Liste	llista	*lista*
Liter	litre	*litro*
Literatur	literatura	*literatura*
LKW	camió	*camión*
Löffel	cullera	*cuchara*
Loge	llotja	*palco*
Lokomotive	locomotora, màquina	*locomotora, máquina*
Lossprinten	arrencada, engegada	*arrancada*
Lotion	loció f	*loción f*
Luft	aire	*aire*
Luft-	aeri, aèria	*aéreo, -a*
Luftbrücke	pont aeri	*puente aéreo*
Luftdruck	pressió atmosfèrica	*presión atmosférica*
Luftfilter	filtre de l'aire	*filtro de aire*
Luftgetrocknete Dauerwurst	fuet sec	*longaniza*
Luftgewehr	carabina / fusell d'aire	*carabina / fusil de aire*
Luftkammer	cambra (d'aire)	*cámara (de aire)*
Luftmatratze	matalàs pneumàtic	*colchón neumático*
Luftpistole	pistola d'aire (comprimit)	*pistola de aire comprimido*
Luftpost	correu aeri	*correo aéreo*
Luftpost, per	per correu aeri	*por correo aéreo*
Luftpumpe	bomba d'aire, bomba d'inflar	*bomba de aire, bomba de hinchar*
Lunge(n)	pulmó, pulmons	*pulmón, pulmones*
Lungenentzündung	pulmonia	*pulmonía*
Lustiger Film, Komödie	pel·lícula còmica	*película cómica, película de risa*
Machen	fer	*hacer*
Mädchen	nena, noia	*niña, muchacha, chica*
Magen	estómac	*estómago*
Magen-Darm-Entzündung	gastroenteritis f	*gastroenteritis*
Magengeschwür	úlcera gàstrica, úlcera	*úlcera gástrica, úlcera*
Magenschmerzen haben	tenir mal d'estómac	*tener dolor de estómago*

Mai	maig	*mayo*
Mais	blat de moro	*maíz*
Makkaroni	macarrons	*macarrones*
Malen	pintar	*pintar*
Maler	pintor	*pintor*
Malfahren	cursa de velocitat	*carrera de velocidad*
Mallorca	Mallorca	*Mallorca*
Mallorca, aus	mallorquí, -ina	*mallorquín, -a*
Mama	mama	*mamá*
Man	hom	*uno*
Manchmal	de vegades	*a veces*
Mandarine	mandarina	*mandarina*
Mandel (anat.)	amígdala	*amígdala*
Mandel	ametlla	*almendra*
Mandel-entzündung	amigdalitis f, inflamació de les amígdales	*amigdalitis f, inflamación de las amígdalas*
Mandelmilch	orxata d'ametlles	*horchata de almendras*
Maniküre	manicura	*manicura*
Mann	home	*hombre*
Männlich, für Männer	masculí, -ina, d'homes	*masculino, -a, de hombres*
Mannschaft	equip	*equipo*
Mannschafts-wettkampf	competició per equips	*competición por equipos*
Manschettenknöpfe	botons de puny	*gemelos m pl*
Mantel	abric	*abrigo*
Marathon	marató f	*maratón*
Märchen	conte	*cuento*
Märchenbuch für Kinder	llibre de contes infantils	*libro de cuentos infantiles*
Margarine	margarina	*margarina*
Marinade	escabetx	*escabeche*
Markt	mercat	*mercado*
Marmelade	melmelada	*mermelada*
Marzipan	massapà	*mazapán*
März	març,	*marzo*
Masern	xarampió	*sarampión*
Masseur	massatgista	*masajista*
Maßschneiderei	sastreria a mida	*sastrería a medida*
Material	material	*material*
Matinee	matinal f	*matinal f*
Matratze	matalàs	*colchón*

Matte	estora	*estera*
Mautpflichtig	de peatge, de pagament	*de peaje, de pago*
Mayonnaise	maionesa, salsa maionesa	*mayonesa, salsa mayonesa*
Mechaniker	mecànic	*mecánico*
Medaille	medalla	*medalla*
Medikament	medicament	*medicamento*
Meer	mar m/f	*mar m/f*
Meeresfrüchte	marisc	*marisco*
Meeresfrüchtesalat	amanida / còctel de marisc	*ensalada / cóctel de mariscos*
Meeresfrüchtesuppe	sopa de marisc	*sopa de marisco*
Mehl	farina	*harina*
Mehr	més	*más*
Meile	llegua milla	*legua milla*
Meister, -in	campió, -ona	*campeón, -ona*
Meisterschaft	campionat	*campeonato*
Melone	meló	*melón*
Menorca	Menorca	*Menorca*
Menorca, aus	menorquí, -ina	*menorquin, -a*
Menstruation	menstruació	*menstruación*
Menü	menú	*menú*
Messe	fira	*feria*
Messer	ganivet	*cuchillo*
Messing	llautó	*latón*
Meter	metre	*metro*
Metroplan	plànol del metro	*plano del metro*
Metzger	carnisser	*carnicero*
Metzgerei	carnisseria	*carnicería*
Miesmuschel	musclo	*mejillón*
Miete	lloguer	*alquiler*
Mieten	llogar	*alquilar*
Migräne	migranya	*jaqueca*
Mikrowellenherd	forn microones	*horno microondas*
Milch	llet f	*leche f*
Milchkaffee	cafè amb llet	*café con leche*
Milchmixgetränk	batut	*batido*
Milchreis	arròs amb llet	*arroz con leche*
Military	military	*military*
Milz	melsa	*bazo*
Milliarde	mil milions	*mil millones*

Millimeter	milímetre	*milímetro*
Million	un milió	un *millón*
Mine (Kuli)	mina, recanvi	*mina, recambio*
Mineralwasser	aigua mineral	*agua mineral*
Minute	minut	*minuto*
Mir, mein, -e	meu, meva	*mío, -a; mi*
Mit dem Zug reisen	viatjar amb tren	*viajar en tren*
Mit der Post schicken	enviar per correu ordinari	*enviar por correo ordinario*
Mit Sahnesauce	amb crema	*a la crema*
Mit Vinaigrette,	a la vinagreta,	*a la vinagreta,*
Mit... Sternen	de ... estrelles	*de ... estrellas*
Mitnehmen	emportar-se	*llevarse*
Mittagessen	dinar	*almuerzo, comer*
Mittagessen	dinar, àpat	*almuerzo*
Mitternachtsvorstellung	sessió f de matinada	*sesión f de madrugada*
Mittwoch	dimecres	*miércoles*
Möbel	moble(s)	*mueble(s)*
Möbelgeschäft	botiga de mobles	*mueblería*
Modellbau	modelisme	*modelismo*
Moderner Fünfkampf	pentatló modern	*pentatlón moderno*
Modeschmuck	bijuteria	*bisutería*
Möhre	pastanaga	*zanahoria*
Molkerei, Milchbar	lleteria, granja	*lechería, granja*
Monat	mes	*mes*
Monatlich	mensualment,	*mensualmente*
Monatskarte,	abonament	*abono mensual*
Mond	lluna	*luna*
Montag	dilluns	*lunes*
Morgen	demà	*mañana*
Morgen, der	matí	*mañana*
Morgens	al matí	*por la mañana*
Moto-Cross	motocross	*motocross*
Motor	motor	*motor*
Motorboot	motora	*motora*
Motorbootsport	motonàutica	*motonáutica*
Motorhaube	capot	*capó*
Motorrad	moto f, motocicleta	*moto f, motocicleta*
Motorradsport	motorisme	*motorisme*
Motorschiff	motonau f	*motonave f*

Motorsport	automobilisme	*automovilismo*
Mousse au chocolat	mousse de xocolata	*mousse de chocolate*
Müde	cansat, -ada	*cansado, -a*
Müll	escombraries f pl	*basura*
Müllsack	bossa d'escombraries	*bolsa de basura*
Mumps	galteres f pl	*paperas f pl*
Mund	boca	*boca*
Münze	moneda	*moneda*
Museum	museu	*museo*
Musik	música	*música*
Musiker, -in	músic, -a	*músico, -a*
Musikinstrumente	instruments musicals	*instrumentos musicales*
Mutter	mare f,	*madre f*
Mütze	gorra	*gorro, gorra*
Mwst. inbegriffen	I.V.A. inclòs	*I.V.A. incluido*
Nach hinten	endarrere, enrere	*atrás*
Nach oben	amunt / (a) dalt	*(hacia) arriba*
Nach und nach	a poc a poc/lentament	*despacio / lentamente*
Nach unten	avall	*hacia abajo*
Nach- und Süßspeisen	postres i plats dolços	*postres y platos dulces*
Nachmittag	tarda	*tarde*
Nachmittags	a la tarda	*por la tarde*
Nachnahme, gegen	contra reemborsament	*contra reembolso*
Nachricht, Auftrag	encàrrec, missatge	*recado, mensaje*
Nachrichtensendung	noticiari	*noticiario*
Nächste Woche	la setmana que ve	*la semana que viene*
Nächstes Jahr	l'any que ve	*el año que viene*
Nacht	nit f	*noche f*
Nachthemd	camisa de dormir	*camisa de dormir, camisón*
Nachtisch	postres f pl	*postre*
Nachtlinie	línia nocturna	*línea nocturna*
Nachtlokal, Nachtklub	club nocturn	*night club, club nocturno*
Nachts	de nit	*de noche*
Nachttarif	tarifa nocturna	*tarifa nocturna*
Nachttisch	tauleta de nit	*mesita de noche*
Nachverkehrszug	tren / ferrocarrils de rodalies	*tren / ferrocarriles de cercanías*
Nadel	agulla	*aguja*

Nadel, Stecknadel	agulla de cap	*alfiler*
Nagellack	laca, esmalt	*laca, esmalte*
Nagellackentferner	dissolvent per a les ungles	*quitaesmalte, disolvente para las uñas*
Nähen (Chirurg.)	suturar posar(-li) punts	*poner(le) puntos suturar*
Nähen	cosir	*coser*
Nähern	acostar-se, apropar-se	*acercarse*
Nähmaschine	màquina de cosir	*máquina de coser*
Namenstag	onomàstic, el sant	*el santo onomástico*
Nase	nas	*nariz*
Nasentropfen	gotes per al nas	*gotas para la nariz*
Nationalität	nacionalitat f	*nacionalidad f*
Natriumbikarbonat	bicarbonat sòdic	*bicarbonado sódico*
Nature	al natural	*al natural*
Natürlich	naturalment	*naturalmente*
Nebel	boira	*niebla*
Nebenanschluß	extensió f	*extensión f*
Neffe	nebot	*sobrino*
Negativ	negatiu	*negativo*
Nehmen	agafar	*tomar, coger*
Nehmen (Verkehrsmittel)	agafar, prendre, pujar a	*tomar, subir a*
Nein	no	*no*
Nelke	clavell, clavellina	*clavel*
Nervös	nerviós, -osa, estar nerviós	*nervioso, -a, estar nervioso*
Neu	nou, -ova	*nuevo, -a*
Neun	nou	*nueve*
Neunhundert	nou-cents, -centes	*novecientos, -as*
Neunte	novè, -ena	*noveno, -a*
Neunzehn	dinou	*diecinueve*
Neunzig	noranta	*noventa*
Nicht	no	*no*
Nichte	neboda	*sobrina*
Nichtraucherabteil, -wagon	compartiment / vagó per a no fumadors	*departamento / coche para no fumadores*
Nichts	res	*nada*
Nie	mai	*nunca, jamás*
Niederlage	derrota	*derrota*
Niemand hebt ab	no contesten	*no contestan*
Niere(n)	ronyó, ronyons	*riñón, riñones*

Nierenentzündung	nefritis f	*nefritis f*
Nierenstein(e)	càlcul(s) renal (s) / nefrític(s)	*cálculo(s) renal(es) / nefrítico(s)*
Nirgendwo	enlloc	*en ninguna parte*
Noch einmal	una altra vegada	*otra vez más*
Noch nicht	encara no	*todavía no*
Nominativ	nominatiu, -iva	*nominativo, -a*
Non-Stop-Vorstellung	sessió f contínua	*sesión f continua*
Norden	nord	*norte*
Nordische Kombination	esquí nòrdic	*esquí nórdico*
Normalbenzin	gasolina normal	*gasolina normal*
Notar	notari	*notario*
Notausgang	sortida d'emergència	*salida de emergencia*
Notdienstapotheke	farmàcia de guàrdia	*farmacia de guardia*
Note	nota	*nota*
Notfälle	urgències	*urgencias*
Nougat	torró	*turrón*
November	novembre	*noviembre*
Nudel- und Reisgerichte	pastes i arrossos	*pastas y arroces*
Null	zero	*cero*
Numerierter Platz	entrada numerada	*entrada numerada*
Nuß	nou f	*nuez f*
Oberbett	cobrellit	*colcha*
Oberschule	escola superior	*escuela superior*
Objekt	objecte	*objeto*
Objektiv	objectiu	*objetivo*
Obligatorisch	obligatori, -òria	*obligatorio, -a*
Obst der Saison	fruita del temps	*fruta del tiempo*
Obst	fruita, fruites	*fruta(s)*
Obstgeschäft	fruiteria	*frutería*
Obstsalat	macedònia de fruites	*macedonia de frutas*
Oder	o	*o*
Ofen	forn	*horno*
Öffentlich	públic, -a	*público, -a*
Öffentlicher Fernsprecher	telèfon públic	*teléfono público*
Öffentlicher Verkehr	transport públic	*transporte público*
Öffnen	obrir	*abrir*

Oft	sovint	*a menudo*
Ohne Scheitel	sense ratlla	*sin raya*
Ohnmächtig werden	desmaiar-se	*desmayarse*
Ohr(en)	orella, orelles	*oreja(s)*
Ohrenentzündung	otitis f	*otitis f*
Ohrhörer	auricular	*auricular*
Ohrring(e)	arracada(es)	*pendiente(s), arracada(s)*
Oktober	octubre	*octubre*
Öl	oli	*aceite*
Ölfilter	filtre de l'oli	*filtro del aceite*
Ölgebackenes	bunyols, xurros	*buñuelos, churros*
Oliven (grüne, schwarze)	olives (verdes, negres)	*aceitunas (verdes, negras)*
Ölkanne	setrill	*aceitera*
Ölwechsel	canvi d'oli	*cambio de aceite*
Olympiade	olimpíada	*olimpiada*
Olympiasieger, -in	campió, -ona olímpic, -a	*campeón, -ona olímpico, -a*
Olympischer Rekord	rècord olímpic	*récord olímpico*
Olympisches Dorf	vila olímpica	*villa olímpica*
Olympisches Schießen	tir olímpic	*tiro olímpico*
Olympische Spiele	Jocs Olímpics (JJOO)	*Juegos Olímpicos (JJOO)*
Onkel	oncle(s)	*tío(s)*
Oper	òpera	*ópera*
Operation	operació f	*operación f*
Operieren	operar	*operar*
Optik	òptica	*óptica*
Optiker, -in	òptic, -a	*óptico, -a*
Orangeade	taronjada	*naranjada*
Orangefarben	ataronjat, -ada	*(a)naranjado, -a*
Orangensaft	suc de taronja	*zumo de naranja*
Orchester	orquestra	*orquesta*
Orchidee	orquídia	*orquidea*
Organisator	organitzador	*organizador*
Originalfassung	versió f original V.O.	*versión f original V.O.*
Originalfassung mit Untertiteln	versió original subtitulada V.O.	*versión original subtitulada V.O.*
Ort	lloc	*lugar*

Osten	est	*este*
Paar Schuhe	un parell de sabates	*un par de zapatos*
Paar..., ein	un parell de	*un par de*
Päckchen	petit paquet	*pequeño paquete*
Päckchen Zigaretten	un paquet de cigarretes	*un paquete de cigarrillos*
Paella	arròs a la cassola, paella	*paella*
Page	grum	*botones*
Paket	paquet	*paquete*
Paket (Post-)	paquet (postal)	*paquete (postal)*
Paket, Schachtel	paquet, capsa	*paquete, caja*
Paket, Sendung	paquet, tramesa	*paquete, envío*
Palast	palau	*palacio*
Paniermehl	pa ratllat	*pan rallado*
Paniert	arrebossat, -ada	*rebozado, -a*
Paniertes Fleisch	carn arrebossada	*carne rebozada*
Panne haben	avariar-se	*averiarse*
Pantoffel	sabatilles	*zapatillas*
Papa	papa	*papá*
Papier	paper	*paper*
Paprika (Gewürz)	pebre vermell	*pimentón*
Paprika	pebrot	*pimiento*
Parade, Umzug	desfilada	*desfile*
Parfüm	perfum	*perfume*
Parfümerie	perfumeria	*perfumería*
Park	parc	*parque*
Park, öffentlicher	jardí públic	*jardín público*
Parken	aparcar	*aparcar*
Parkett, Parterreloge	platea, pati de butaques	*platea, patio de butacas*
Parkplatz	pàrking	*parking*
Parlament	parlament	*parlamento*
Parterreloge	pati de butaques	*patio de butacas*
Partie, Spiel	partida	*partida*
Passage	passatge	*pasaje*
Passagier	passatger	*pasajero*
Passagierraum	cabina de passatge	*cabina de pasaje*
Paßfoto	foto-carnet f	*foto-carné f*
Paßkontrolle	control de passaports	*control de pasaportes*
Paßnummer	número de passaport	*número de pasaporte*

Pedal	pedal	*pedal*
Pediküre	pedicura	*pedicura*
Pelota (baskische)	pilota (basca)	*pelota (vasca)*
Pelzgeschäft	pelleteria	*peletería*
Pension	pensió f	*pensión f*
Pensioniert, Rentner	pensionat, pensionista	*pensionista, pensionado*
Permanent	permanent f	*permanente f*
Personalausweisnummer	número de DNI	*número de D.N.I.*
Personalausweis	document nacional d'identitat (DNI)	*documento nacional de identidad (DNI)*
Petersilie	julivert	*perejil*
Pfanne	paella	*sartén f*
Pfeffer	pebre	*pimienta*
Pfeife	pipa	*pipa*
Pfeife rauchen	fumar pipa	*fumar pipa*
Pfeifentabak	tabac de pipa	*tabaco de pipa*
Pferd, Pferdefleisch	cavall, carn de cavall	*caballo, carne de caballo*
Pferdsprung	salt de cavall	*salto de caballo*
Pfirsich	préssec	*melocotón*
Pflaster	tireta	*tirita*
Pflaume	pruna	*ciruela*
Pflicht	deure	*deber*
Pförtner	porter	*portero*
Pfund (in Spanien 400 g)	lliura (400 grs)	*libra (400 grs)*
Pfund Sterling	lliura -es esterlina -es	*libra(s) esterlina(s)*
Photo machen	fer / tirar una foto	*hacer / sacar una foto*
Photo-Optik	foto-òptica	*foto-óptica*
Photoalbum	àlbum de fotografies	*álbum de fotografías*
Photoapparat	màquina, cambra fotogràfica	*máquina, cámara fotográfica*
Photopapier	paper fotogràfic	*papel fotográfico*
Pikant, scharf	picant	*picante*
Pilot	pilot	*piloto*
Pilz	bolet	*seta*
Piste	pista	*pista*
Pistole	pistola	*pistola*
Pizza	pizza	*pizza*
PKW	auto, cotxe	*coche, auto*

Plan	plànol	*plano*
Plastiktüte	bossa (de plàstic)	*bolsa (de plástico)*
Platte	plàtera, plata, safata	*bandeja*
Plattenspieler	tocadiscos, giradiscos	*tocadiscos*
Plattfuß (Reifen)	rebentada, punxada	*pinchazo*
Platz	plaça	*plaza*
Platzanweiser	acomodador	*acomodador*
Platzregen	xàfec	*chubasco*
Platzreservierung	reserva de plaça	*reserva de plaza*
Plombieren	empastar, obturar	*empastar, obturar*
Poesie	poesia	*poesía*
Police	pòlissa	*póliza*
Poliklinik	policlínica, dispensari	*policlínica, dispensario*
Polizei	policia	*policía*
Polizist, Schutzmann	policia, guàrdia	*policía, guardia*
Polo	polo	*polo*
Pommes Frites	patates fregides	*patatas fritas*
Pornokino	sala X (ics)	*sala X (equis)*
Portemonnaie	portamonedes, cartereta	*portamonedas, monedero*
Portier, Empfang	porter, -a, conserge	*portero, -a, conserje*
Porto	franqueig	*franqueo*
Porzellan	porcellana	*porcelana*
Post	correu	*correo*
Post	correus	*correos*
Postamt	oficina de correus	*oficina de correos*
Postanweisung	gir postal	*giro postal*
Posten, Stelle	càrrec	*cargo*
Postfach	apartat de correus	*apartado de correos*
Postkarte	postal f	*postal f*
Postlagernd	llista de correus	*lista de correos*
Postleitzahl	codi postal	*código postal*
Poststempel	matasegells	*matasellos*
Praktizieren	practicar	*practicar*
Pralinen	bombons	*bombones*
Präsident, -in	president, -a	*presidente, -a*
Präsidentenloge	llotja presidencial	*palco presidencial*
Praxis (Arzt-)	consultori (mèdic)	*consultorio (médico)*
Preis	preu	*precio*
Preisliste	llista de preus	*lista de precios*
Premiere	estrena	*estreno*

Deutsch	Català	Español
Premierenkino	sala / cine d'estrena	sala / cine de estreno
Privatzimmer	habitació privada	habitación privada
Probe	assaig	ensayo
Probieren	tastar	probar
Programm	programa m	programa m
Prost!	salut!	¡salud!
Protestieren	protestar	protestar
Prothese	pròtesi f	prótesis f
Prüfung	examen, prova	examen, prueba
Prüfung ablegen	fer un examen	hacer un examen
Prüfungen machen	fer exàmens	hacer exámenes
Pudding	flam	flan
Pudding	púding	púding / pudín / budín
Puder	pólvores	polvos
Puls fühlen	prendre(-li) / veure(-li) el pols,	tomar(le) / ver(le) el pulso
Pullover	pul·lòver, jersei	pullover, jersei
Punkt	punt	punto
Pünktlich	puntual	puntual
Punktverteilung	puntuació	puntuación
Puppe	nina	muñeca
Putzfrau	dona de fer feines	asistenta
Quadratkilometer	quilòmetre quadrat	kilómetro cuadrado
Quadratmeter	metre quadrat	metro cuadrado
Quarzuhr	rellotge de quars	reloj de cuarzo
R-Gespräch	telefonada amb cobrament revertit	conferencia a cobro revertido
Rabatt	descompte	descuento
Rachen	gola	garganta
Rad	roda	rueda
Radfahrer	ciclista	ciclista
Radiergummi	goma d'esborrar	goma de borrar
Radio	ràdio f	radio f
Radio, Radioapparat	ràdio aparell de ràdio	radio aparato de radio
Radrennbahn	velòdrom	velódromo
Radsport	ciclisme	ciclismo
Ragout	ragout	ragout
Rahm	crema de llet	crema de leche
Rahmen	marc	marco
Ränge	grades	gradas

Rasierapparat	maquineta (d'afaitar)	*maquinilla (de afeitar)*
Rasieren (sich)	afaitar(-se)	*afeitar(se)*
Rasierklinge	fulla d'afaitar	*hoja de afeitar*
Rasierschaum	crema / escuma d'afaitar	*crema / espuma de afeitar*
Rathaus	ajuntament	*ayuntamiento*
Rauch	fum	*humo*
Rauchen	fumar	*fumar*
Rauchen (Zigarretten)	fumar (cigarretes)	*fumar (cigarrillos)*
Raucher	fumador, -a	*fumador, -a*
Raucherabteil, -wagon	compartiment / vagó per a fumadors	*departamento / coche para fumadores*
Reck	barra fixa	*barra fija*
Rechenmaschine	calculadora	*calculadora*
Rechnung	comptem, factura	*cuenta f, factura*
Rechts	a la dreta	*a la derecha*
Rechtzeitig	a temps	*a tiempo*
Regattafahrer, -in	regatista	*regatista*
Regel	regle	*regla*
Regel, Menstruation	regla, menstruació f	*regla, menstruación f*
Regen	pluja	*lluvia*
Regenmantel	gavardina	*gabardina*
Regenschirm	paraigua	*paraguas*
Regnen	ploure	*llover*
Regnerisch	plujós	*lluvioso*
Reich	ric -a	*rico -a*
Reifen	neumático	*cubierta*
Reihe	fila	*fila*
Reine Schurwolle	pura llana verge	*pura lana virgen*
Reinigungsartikel	articles de neteja	*artículos de limpieza*
Reis	arròs	*arroz*
Reisebus	autocar	*autocar*
Reisen	viatjar	*viajar*
Reisende, -r	viatger, -a	*viajero, -a*
Reisender	viatger	*viajero*
Reisepaß	passaport	*pasaporte*
Reisescheck	xec de viatge	*cheque de viaje*
Reisetasche	bossa de viatge	*bolsa de viaje*
Reisewörterbuch	diccionari turístic	*diccionario turístico*
Reißnagel, -nägel	xinxeta(es)	*chinche f, chinches, chincheta(s)*

Reißverschluß	cremallera	*cremallera*
Reiten	hípica	*hípica*
Reiter	genet	*jinete*
Reklamieren, fordern	reclamar	*reclamar*
Rekord	rècord	*récord, marca, plusmarca*
Rekord schlagen	batre (un rècord)	*batir (un récord)*
Rennbahn (Pferde)	hipòdrom	*hipódromo*
Rennen	carrera	*carrera*
Rentner, -in	jubilat -ada	*jubilado -a*
Reparatur	reparació f	*reparación f*
Reparatur von Haushaltsgeräten	reparació d'electrodomèstics	*reparación de electrodomésticos*
Reparaturwerkstatt	taller de reparacions	*taller de reparaciones*
Reparaturen, einfache	adobs casolans	*reparaciones sencillas*
Reparaturen: Wasser, Gas, Elektrizität	reparacions aigua, gas, electricitat	*reparaciones agua, luz, electricidad*
Reparieren	reparar	*reparar*
Reservieren	reservar	*reservar*
Reserviert	reservat, -ada	*reservado, -a*
Restaurant	restaurant	*restaurante*
Resultat	resultat	*resultado*
Rettich	rave	*rábano*
Rettungsboot	bot salvavides	*bote salvavidas*
Rettungsring	salvavides	*salvavidas*
Revanche	desquit	*desquite*
Revuetheater	music-hall, teatre de revista	*music-hall, teatro de revista*
Rezept	recepta	*receta*
Rheumatismus, Rheuma	reumatisme, reuma m	*reumatismo, reuma, reúma m*
Rhythmische Sportgymnastik	gimnàstica rítmica / esportiva	*gimnasia rítmica / deportiva*
Riemen	corretja	*correa*
Riesenslalom	eslalom gegant	*eslalon / slalom gigante*
Rind	bou	*buey*
Rindfleisch	carn de bou	*carne de res*
Ring	anell	*anillo*

Ringe	anelles	*anillas*
Ringen	lluita	*lucha*
Ringstraße	ronda	*ronda*
Roastbeef	rosbif	*rosbif*
Rock	faldilla	*falda*
Rohkost	crudités	*crudités*
Rolle	rodet	*rollo*
Rollhockey	hoquei sobre patins	*hockey sobre patines*
Rollschuhlaufen	patinatge sobre rodes	*patinaje sobre ruedas*
Rolltreppe	escala mecànica	*escalera mecánica*
Roman	novel·la	*novela*
Röntgenaufnahme machen	fer(-li) una radiografia	*hacer(le) una radiografía*
Rose, rosa	rosa	*rosa*
Rosé	rosat -ada	*rosado -a*
Rosine	pansa	*uva pasa*
Rot	vermell -a, roig -oja	*rojo -a*
Röteln	rubèola	*rubola / rubéola*
Rotes Kreuz	Creu Roja	*Cruz Roja*
Rotes Licht	llum vermella	*luz roja*
Rotwein	vi negre	*vino tinto*
Rücken	esquena	*espalda*
Rücken-schwimmen	esquena, estil d'esquena	*espalda, estilo de espalda*
Rucksack	motxilla	*mochila*
Rückspiegel	(mirall) retrovisor	*(espejo) retrovisor*
Rückwärtsgang	marxa enrere	*marcha atrás*
Rückweg	tornada	*vuelta*
Ruder	rem	*remo*
Ruderer, Ruderin	remador -a	*remero -a*
Rugby	rugbi, futbol americà	*rugby, fútbol americano*
Ruhe	silenci	*silencio*
Ruhig	tranquil·lament	*tranquilamente*
Rührei	truita (a la) francesa	*tortilla (a la) francesa*
Rühreier	ous remenats	*huevos revueltos*
Rum	rom	*ron*
Runde	ronda	*ronda*
Russe	rus -ussa	*ruso -a*
Russischer Salat	ensalada russa	*ensalada rusa*
Saal	sala	*sala*

Säbelfechten	esgrima de sabre	*esgrima de sable*
Saft	suc	*zumo*
Sagen	dir	*decir*
Sahne	nata, crema	*nata, crema*
Saisonkarte	abonament, passi temporal,	*abono temporal, pase*
Salate	amanides	*ensaladas*
Salbe	pomada, ungüent	*pomada, ungüento*
Salm, Lachs	salmó	*salmón*
Salon	saló	*salón*
Salz	sal f	*sal f*
Salzen	posar-hi sal	*ponerle sal*
Salzstreuer	saler	*salero*
Sammeln (Briefmarken)	col·leccionar (segells)	*coleccionar (sellos)*
Samstag	dissabte	*sábado*
Sanatorium	sanatori	*sanatorio*
Sand	sorra	*arena*
Sandalen	sandàlies	*sandalias*
Sänger, -in	cantant	*cantante*
Sangria	sangria	*sangría*
Sardine	sardina	*sardina*
Sauber	net, -a	*limpio, -a*
Sauberkeit	neteja	*limpieza*
Säubern, putzen	netejar, rentar	*limpiar, lavar*
Saubohne	fava	*haba*
Sauer	àcid, -a	*agrio, -a, ácido, -a*
Schach	escacs m pl	*ajedrez*
Schach spielen	jugar als escacs	*jugar al ajedrez*
Schachtel Streichhölzer	una capsa de mistos / llumins	*una caja de cerillas*
Schade	llàstima	*lástima*
Schaden	dany, desperfecte	*daño, desperfecto*
Schaf	ovella, xai	*oveja*
Schaffner	revisor	*revisor*
Schal	bufanda	*bufanda*
Schalter	finestreta	*ventanilla*
Schalter (An-Aus)	interruptor	*interruptor*
Schalterbeamter	taquiller, -a	*taquillero, -a*
Schallplatte	disc	*disco*
Schallplattenladen	botiga de discos, discos	*tienda de discos, discos*
Scharfes Bremsen	frenada brusca	*frenazo*

Scharlach	escarlatina	*escarlatina*
Schatten	ombra	*sombra*
Schau	espectacle	*espectáculo*
Schauen	mirar	*mirar*
Schaufenster	aparador, escaparate	*aparador*
Scheck	xec, taló	*cheque, talón*
Scheckheft	talonari	*talonario*
Scheibenwischer	eixugaparabrisa m	*limpiaparabrisas m*
Scheiden lassen, sich	divorciar-se	*divorciarse*
Scheitel	ratlla	*raya*
Scheitern	fallar	*fallar*
Schenkel	cuixa	*muslo*
Schere	tisores f pl	*tijeras f pl*
Schicken	enviar, remetre, trametre	*enviar, remitir*
Schicksal	destí	*destino*
Schiedsrichter	àrbitre, jutge	*árbitro, juez*
Schießsport	tir (esportiu),	*tiro (deportivo)*
Schießstände	camps de tir	*campos de tiro*
Schiff	vaixell	*barco*
Schilder	rètols	*letreros*
Schinken	pernil	*jamón*
Schinkenomelett	truita de pernil	*tortilla de jamón*
Schlackwurst, Luftgetrocknete	llonganissa	*longaniza, salchichón*
Schlafanzug	pijama m	*pijama m*
Schlafen	dormir	*dormir*
Schlaflosigkeit	insomni	*insomnio*
Schlafmittel	somnífer	*somnífero*
Schlafsack	sac de dormir	*saco de dormir*
Schlafwagen	vagó-llit	*coche cama*
Schlank, zart	prim, -a	*delgado, -a, fino,-a*
Schlauchboot	bot pneumàtic	*bote neumático*
Schlecht	dolent, -a	*malo, -a*
Schlecht fühlen, sich	trobar-se/sentir-se malament	*encontrarse / sentirse mal*
Schlecht	mal, malament	*mal*
Schließen	tancar	*cerrar*
Schlimm	greu	*grave*
Schlitten	luge	*luge*
Schlittschuhlauf	patinatge	*patinaje*

Schlosser	manyà	*cerrajero*
Schloß	castell	*castillo*
Schlüssel	clau f	*llave f*
Schmackhaft	gustós -osa	*gustoso -a*
Schmalz	llard, sagí	*manteca, grasa*
Schmerz	mal, dolor m / f	*dolor*
Schmetterling	papallona	*mariposa*
Schmetterlings-schwimmen	estil papallona	*estilo de mariposa*
Schminkbohnen	mongetes seques	*judías secas*
Schminke	maquillatge	*maquillaje*
Schmorfleisch	estofat	*estofado*
Schmuckstück	joia	*joya*
Schmutzig	brut -a	*sucio -a*
Schnecke(n)	cargol(s)	*caracol(es)*
Schnee	neu f	*nieve f*
Schneiden, sich	tallar(-se)	*cortar(se)*
Schneider	sastre	*sastre*
Schneiderei	sastreria	*sastrería*
Schneiderin	modista	*modista*
Schnell	prompt, -e, ràpid -a	*rápido -a*
	ràpidament, de pressa	*rápido, rápidamente*
Schnellfeuerpistole	pistola de tir ràpid	*pistola de tiro rápido*
Schnellzug	(tren) ràpid	*(tren) rápido*
Schnitt, Wunde	tall, ferida	*corte, herida*
Schnittmuster	patrons de moda	*patrones de moda*
Schnitzel	escalopa	*escalope*
Schnurrbart	bigoti(s)	*bigote(s)*
Schnürsenkel	cordons	*cordones*
Schokolade mit Mandeln / Nüssen	xocolata amb ametlles / avellanes	*chocolate con almendras / avellanas*
Schokolade	xocolata f	*chocolate m*
Schokoladeneis	gelat de xocolata	*helado de chocolate*
Schokoladentorte	pastís de xocolata	*pastel de chocolate*
Schon	ja	*ya*
Schön	bonic, -a	*hermoso, -a*
Schönheitssalon	saló de bellesa	*salón de belleza*
Schrank	armari	*armario*
Schraube	cargol	*tornillo*
Schraubenmutter	femella	*tuerca*
Schraubenzieher	tornavís	*destornillador*
Schreiben	escriure	*escribir*

Schreibfeder	ploma	*pluma*
Schreibmaschine	màquina d'escriure	*máquina de escribir*
Schreibwarenladen	papereria,	*papelería,*
Schreiner	fuster	*carpintero*
Schriftsteller	escriptor, -a	*escritor, -a*
Schuhanzieher	calçador	*calzador*
Schuhbürste	raspall per a les sabates	*cepillo de/para los zapatos*
Schuhcreme	betum, crema	*betún, crema*
Schuhe	sabates, calçat	*zapatos, calzado*
Schuhgeschäft	sabateria, calçat	*zapatería, calzado*
Schuhmacherei	reparació de calçat	*reparación de calzado*
Schulbildung	nivell d'instrucció	*nivel de instrucción*
Schulbuch	llibre de text	*libro de texto*
Schule	escola, col·legi	*escuela, colegio*
Schüler	escolar, alumne	*escolar, alumno*
Schüler, -in	alumne, -a, col·legial, -a	*alumno, -a colegial, -a*
Schuljahr	any escolar	*año escolar*
Schulter	espatlla	*hombro, paletilla*
Schuß, Schießen	tir	*tiro*
Schütze	tirador -a	*tirador -a*
Schwach	feble	*débil*
Schwager, Schwägerin	cunyat, -ada	*cuñado, -a*
Schwalbe	golondrina	*golondrina*
Schwanger sein	estar prenyada	*estar embarazada*
Schwarz	negre, -a	*negro, -a*
Schwarzweißfilm	pel·lícula en blanc i negre	*película en blanco y negro*
Schwebebalken	barra d'equilibri	*barra de equilibrio*
Schwein	porc	*cerdo*
Schweinekotelett	costella de porc	*chuleta de cerdo*
Schweinelende	llom de porc	*lomo de cerdo*
Schweizer Franken	franc suís, francs suïssos	*franco(s) suizo(s)*
Schwer	pesat, -ada	*pesado, -a*
Schwerlich, kaum	difícilment	*difícilmente*
Schwester	germana	*hermana*
Schwester, ältere	germana gran	*hermana mayor*
Schwester, jüngere	germana petita	*hermana pequeña*

Schwiegermutter	sogra	*suegra*
Schwiegervater, (-eltern)	sogre(s)	*suegro(s)*
Schwierig	difícil	*difícil*
Schwimmwettkampf	competició de natació	*competición de natación*
Schwimmbad	piscina	*piscina*
Schwimmen	nedar	*nadar*
Schwimmer, -in	nedador, -a	*nadador, -a*
Schwimmsport	natació	*natación*
Schwindel	mareig	*mareo*
Schwindelig werden	marejar-se	*marearse*
Schwitzen	suar, transpirar	*sudar, transpirar*
Schwüle	xafogor f	*bochorno*
Sechs	sis	*seis*
Sechshundert	sis-cents, -centes	*seiscientos, -as*
Sechste	sisè, -ena	*sexto, -a*
Sechzehn	setze	*dieciséis*
Sechzig	seixanta	*sesenta*
Seehecht	lluç	*merluza*
Seekrankheit	mareig, mal de mar	*mareo*
Seemann	mariner	*marinero*
Seezunge	llenguado	*lenguado*
Segelboot	barca de vela	*barca de vela*
Segelflug	vol sense motor	*vuelo sin motor*
Segelflugzeug	planador	*planeador*
Segeln, Segelsport	vela, esport de vela	*vela deporte de vela*
Sehr	molt	*muy*
Sehr gut	molt bé	*muy bien*
Sehr viel	moltíssim, -a	*muchísimo, -a*
Seide	seda	*seda*
Seife (Stück)	(pastilla de) sabó	*(pastilla de) jabón*
Seilbahn	funicular	*funicular*
Seilbahn	telefèric	*teleférico*
Sein, -e / ihr, -e	seu, seva	*suyo, -a; su*
Sein, -e, -r	el seu, la seva	*suyo, -a; su*
Sein, sich befinden	ésser, estar	*estar*
Seit	des de	*desde*
Seit heute	des d'avui	*de hoy en adelante*
Seit langem	(des de) fa molt	*(desde) hace mucho*
Seitpferd	cavall amb arcs	*caballo con arcos*
Sekretär, -in	secretari -ària	*secretario -a*

Sekunde	segon	*segundo*
Selbstbedienung	autoservei	*autoservicio*
Selbstverständlich	no cal dir	*por supuesto*
Semester	semestre	*semestre*
Senden (Brief)	remetre, enviar, trametre	*remitir, enviar*
Sendung	tramesa	*envío*
Senf	mostassa	*mostaza*
Sepia	sípia, sèpia	*sepia, jibia*
September	setembre	*setiembre*
Serum	sèrum	*suero*
Servieren	servir	*servir*
Serviette	tovalló	*servilleta*
Sessel	butaca	*butaca, sillón*
Setzen, sich	asseure's	*sentarse*
Shampoo	xampú	*champú*
Sich befinden	trobar-se	*encontrarse, hallarse*
Sich irren	enganyar-se, equivocar-se	*engañarse, equivocarse*
Sicher?	vols dir?, vol dir?	*¿estás / está seguro, -a*
Sicherheitskontrolle	control de seguretat	*control de seguridad*
Sicherheitsgurt	cinturó de seguretat	*cinturón de seguridad*
Sicherlich	segurament	*seguramente*
Sicherung	fusible	*fusible*
Sie (Anrede pl.)	vostès	*ustedes*
Sie (Anrede s.)	vostè	*usted*
Sie (m, pl)	ells	*ellos*
Sie (f, pl)	elles	*ellas*
Sie	ella	*ella*
Sie haben sich geirrt	s'ha equivovat	*se ha equivocado*
Sieben	set	*siete*
Siebenhundert	set-cents, -centes	*setecientos, -as*
Siebenkampf	heptatló	*heptatlón*
Siebente	setè, -ena	*séptimo, -a*
Siebzehn	disset	*diecisiete*
Siebzig	setanta	*setenta*
Sieg	victòria	*victoria*
Siegellack	lacre	*lacre*
Siegen, gewinnen	guanyar	*ganar*
Sieger, -in	guanyador, -a triomfador -a vencedor -a	*ganador, -a triunfador -a vencedor -a*

Silber	argent, plata	*plata*
Silbermedaille	medalla d'argent	*medalla de plata*
Singen	cantar	*cantar*
Sirup	xarop	*jarabe*
Sitz	butaca	*butaca*
Sitz, Platz	seient, plaça	*asiento, plaza*
Sitzplatz, Platz	seient, plaça, butaca	*asiento, plaza, butaca*
Skala	escala	*escala*
Skeetschießen	skeet	*skeet*
Skeleton	skeleton	*skeleton*
Ski	esquí	*esquí*
Skiff, Einer	monoplaça	*monoplaza*
Skilanglauf	esquí de travessia	*esquí de travesía*
Skooter	scooter	*escúter*
Slalom	eslalom	*eslalon / slalom*
So	així	*así*
So früh wie möglich	com més aviat millor	*lo antes posible*
So sehr als	de tant -a..., quant -a	*tanto -a ..., cuanto -a*
Soda, Selterswasser	soda, aigua de sifó	*soda, agua seltz / de sifón*
Sodbrennen	ardor, cremor a l'estómac	*ardor en el estómago*
Sofort	de seguida,	*enseguida*
Sohle	sola	*suela*
Sohn, Tochter	fill, -a	*hijo, -a*
Soldat	militar, soldat	*militar, soldado*
Soling	soling	*soling*
Sollen, schulden	deure	*deber*
Sommer	estiu,	*verano*
Sonne	sol	*sol*
Sonnen, sich	prendre el sol	*tomar el sol*
Sonnenbrille	ulleres de sol	*gafas de sol*
Sonnencreme	crema solar	*crema solar*
Sonnenmilch	bronzejador, loció bronzejadora	*bronceador, loción bronceadora*
Sonnenschirm	para-sol	*parasol, sombrilla*
Sonnenstich	insolació f	*insolación f*
Sonntag	diumenge	*domingo*
Sowjetunion	Unió Soviètica	*Unión Soviética*
Spaghetti	espaguetis	*espaguetis*
Spanien	Espanya	*España*

Spanier, -in	espanyol, -a	*español, -a*
Spanische Eisenbahngesellschaft	RENFE f	*RENFE f*
Spanische Peseten	pessetes espanyoles	*peseta(s) española(s)*
Spannen	tibar	*tensar*
Spannung (elek.)	voltatge	*voltaje*
Sparbuch	llibreta d'estalvis	*libreta de ahorros*
Spargel	espàrrec	*espárrago*
Spargel mit Mayonnaise	espàrrecs amb maionesa	*espárragos con mayonesa*
Sparkasse	caixa d'estalvis	*caja de ahorros*
Spät	tard	*tarde*
Später	després, més tard	*después, más tarde*
Spazieren	passejar	*pasear*
Spaziergang	passeig, passejada	*paseo*
Speck	cansalada	*tocino*
Speerwurf	llançament de javelina	*lanzamiento de jabalina*
Speiseeis	gelat	*helado*
Speisekarte	carta (de plats)	*carta (de platos)*
Speisesaal	menjador	*comedor*
Speisewagen	vagó-restaurant	*coche restaurante*
Spezialist	especialista	*especialista*
Spiegel	mirall	*espejo*
Spiegeleier	ous ferrats	*huevos fritos*
Spiel	joc	*juego*
Spiel, Match	partit	*partido*
Spielen	jugar	*jugar*
Spielfilm	llarg-metratge	*largometraje*
Spielhalle	sala de jocs, saló recreatiu	*sala de juegos, salón recreativo*
Spielkarten	cartes, baralla de cartes	*cartas*
Spielkasino	casino (de joc)	*casino (de juego)*
Spielzeugladen	botiga de joguines, joguines	*juguetería*
Spinat	espinac	*espinaca*
Sport	esport	*deporte*
Sport treiben	practicar un esport	*practicar un deporte*
Sportart	modalitat f	*deporte, modalidad f*
Sportartikel	articles d'esport	*artículos de deporte*
Sportfliegen	aviació f esportiva	*aviación f deportiva*

Sporthalle	pavelló d'esports	*pabellón de deportes*
Sportler	esportista(es)	*deportista(s)*
Sportlich	esportiu -iva	*deportivo, -a*
Sportpalast	palau d'esports	*palacio de deportes*
Sportschuhe	sabates esportives	*zapatos deportivos*
Sporttauchen	natació subaquàtica	*buceo (deportivo), natación subacuática*
Sprache	llengua	*lengua*
Sprachführer	guia de conversa manual (de llengua)	*guía de conversación manual (de lengua)*
Sprachkurs	curs (de llengua)	*curso (de lengua)*
Sprechen	parlar,	*hablar*
Sprechstunde	consulta, hores de consulta	*consulta, horas de consulta*
Springbrunnen	brollador	*surtidor*
Springen	saltar	*saltar*
Springprüfung	concurs de salts	*concurso de saltos*
Springreiten	salt d'obstacles	*salto de obstáculos*
Spritze geben	posar (-li) una injecció	*poner (le) una inyección*
Spritze geben, (jdm.)	posar(-li) una injecció (a algú)	*poner(le) una inyección (a alguien)*
Spritze, Injektion	injecció f	*inyección f*
Stabhochsprung	salt amb perxa	*salto de pertiga*
Stadion	estadi	*estadio*
Stadt	ciutat f	*ciudad f*
Stadtplan	plànol de la ciutat	*plano de la ciudad*
Staffellauf	cursa de relleus, relleus	*carrera de relevos, relevos*
Stahl	acer	*acero*
Standardpistole	pistola estàndard	*pistola estándar*
Stangensellerie	api	*apio*
Star	star	*star*
Start, Abheben	envol	*despegue*
Starten	engegar	*arrancar*
Statue	estàtua	*estatua*
Stau	caravana, cua, embussament	*caravana, atasco*
Staubsauger	aspirador(a)	*aspirador*
Steak Tatar	bistec tàrtar	*bistec tártar*
Steckbrief	fitxa (de policia)	*ficha (de policía)*
Steckdose	endoll	*enchufe*
Steckschlüssel	clau de tub	*llave tubular*

Deutsch	Català	Español
Stehplätze	localitats de peu	*localidades de (a) pie*
Stein	pedra	*piedra*
Stenotypist, -in	taquimecanògraf -a	*taquimecanógrafo,-a*
Steppdecke	edredó	*edredón*
Sterben	morir	*morir*
Stewardess	assistenta de vol, hostessa d'avió	*azafata*
Stiefel	botes	*botas*
Stier	toro, brau	*toro*
Stiere, Stierkampf	toros m pl	*toros m pl, corrida de toros*
Stierkampfarena	plaça de toros	*plaza de toros*
Still, ruhig	tranquil -il·la	*tranquilo -a*
Stirn	front f	*frente f*
Stoffgeschäft	teixits, teles	*tejidos*
Stoffschuhe	sabates de tela, espardenyes	*zapatos de tela, alpargatas*
Stoßdämpfer	amortidor	*amortiguador*
Stoßen	sotraguejar, fer sotragades	*dar sacudidas*
Stoßen, sich	donar-se un cop	*darse un golpe*
Stoßstange	para-xocs	*parachoques*
Stoßzeiten	hores f pl, punta	*horas f pl, punta*
Straße	carrer	*calle f*
Straßenbahn	tramvia m	*tranvía m*
Straßenecke	cantonada	*esquina*
Straßenlaterne(n)	llum(s) f de carretera	*luz, luces de carretera*
Straßenradrennen	proves / curses de ruta	*pruebas / carreras de ruta*
Streichholz, -hölzer	misto(s), llumí, llumins	*cerilla(s)*
Strich, Scheitel	ratlla	*raya*
Strom (elektrischer)	corrent (elèctric)	*corriente f (eléctrica)*
Strumpf, Strümpfe	mitjó, mitjons m pl	*calcetín, calcetines m pl*
Strumpfhosen	mitges f pl	*medias f pl*
Stück Kuchen	un tall de pastís	*un corte de pastel*
Student, -in	estudiant, -a, universitari, -ària	*estudiante, universitario, -a*
Studieren (...)	fer / seguir estudis (de)	*hacer / seguir estudios (de)*
Studieren, lernen	estudiar	*estudiar*
Studium, Studien	estudi(s)	*estudio(s)*
Stufenbarren	barres asimètriques	*barras asimétricas*

Stuhl	cadira	*silla*
Stunde	hora	*hora*
Stündlich	cada hora	*cada hora*
Suchen	buscar, cercar	*buscar*
Süden	sud	*sur*
Super-8-Film	pel·lícula super vuit	*película super ocho*
Superbenzin	gasolina súper	*gasolina súper*
Supermarkt	supermercat	*supermercado*
Suppen	sopes	*sopas*
Suppennudeln	pastes de sopa	*pastas de sopa*
Süß	dolç	*dulce*
Süß, weich	dolç, -a, suau	*dulce, suave*
Süß- und Salzwasserfische	peixos d'aigua dolça i de mar	*peces de agua dulce y de mar*
Süßwein	vi dolç	*vino dulce*
Symptom	símptoma	*síntoma*
Synchronschwimmen	natació sincronitzada	*natación sincronizada*
Szene	escenari	*escenario*
T-Shirt	camiseta, samarreta	*camiseta*
Tabak	tabac	*tabaco*
Tabakladen	estanc, tabacs	*estanco, tabacos*
Tablette	comprimit, pastilla	*comprimido, pastilla*
Tachometer	velocímetre	*velocímetro*
Taekwondo	tae-kwondo	*tae-kwondo*
Tafel Schokolade	una rajola de xocolata	*una tableta de chocolate*
Tag	dia m	*día m*
Tagesprogramm	cartellera, agenda	*cartelera, agenda*
Tageszeitung	diari	*diario*
Täglich	diàriament	*diariamente*
Tags	de dia	*de día*
Taille	cintura	*cintura*
Tal	vall f	*valle f*
Talkum, Talkpuder	talc, pòlvores de talc	*talco, polvos de talco*
Tampon	tampó	*tampón*
Tank (Benzin)	dipòsit (de gasolina)	*depósito (de gasolina)*
Tankstelle	estació de servei	*estación de servicio*
Tankstelle	gasolinera	*gasolinera*
Tanzsaal	sala de festa / ball	*sala de baile*
Tapete	paper pintat	*papel pintado*

Tarif	tarifa	*tarifa*
Tasche	bossa	*bolsa*
Taschenlampe	llanterna	*linterna*
Taschentuch	mocador (de butxaca)	*pañuelo (de bolsillo)*
Taschenwörter-	diccionari	*diccionario*
buch	de butxaca	*de bolsillo*
Tasse	tassa	*taza*
Tatsächlich	efectivament	*efectivamente*
Tausend	mil	*mil*
Taverne	taverna	*taberna, tasca, bar*
Taxameter	taxímetre	*taxímetro*
Taxi	taxi	*taxi*
Taxifahrer	taxista	*taxista*
Taxistand	parada de taxis	*parada de taxis*
Techniker	tècnic	*técnico*
Teddybär	osset de peluix	*osito de peluche*
Tee	te	*té*
Tee mit Milch	te amb llet	*té con leche*
Teegebäck	pastes seques	*pastas de té, pastas secas*
Teelöffel	cullereta	*cucharilla*
Telefax, Fax	telefax, fax	*telefax, fax*
Telefonhörer abnehmen, sich melden	contestar el telèfon	*contestar el teléfono*
Telefon	telèfon	*teléfono*
Telefonanruf	trucada, telefonada	*llamada (telefónica)*
Telefonanruf, automatischer	telefonada automàtica	*llamada automática*
Telefonapparat	aparell telefònic	*aparato telefónico*
Telefonbuch	guia telefònica	*guía telefónica*
Telefonieren, anrufen	telefonar, trucar per telèfon, fer una trucada	*telefonear, llamar por teléfono*
Telefonkarte	targeta telefònica	*tarjeta telefónica*
Telefonzelle	cabina telefònica	*cabina telefónica*
Telefonzentrale	centraleta	*centralita*
Telegramm	telegrama m	*telegrama m*
Telegramm schicken	enviar / posar un telegrama	*enviar / poner un telegrama*
Telegramme per Telefon	telegrames per telèfon	*telegramas por teléfono*
Telex	tèlex	*télex*
Telex schicken	enviar un tèlex	*enviar un télex*

Deutsch	Català	Español
Teller	plat	*plato*
Teller, Gericht(e)	plat(s)	*plato(s)*
Temperatur	temperatura	*temperatura*
Tennis	tennis	*tenis*
Tennisspieler, -in	jugador, -a de tennis	*jugador, -a de tenis*
Tennisschuhe	sabates de tennis	*zapatos de tenis*
Teppich	catifa	*alfombra*
Terrasse	terrassa	*terraza*
Tetanusspritze	antitetànica	*antitetánica*
Teuer	car, -a	*caro, -a*
Theater	teatre	*teatro*
Theaterstück	peça (teatral)	*pieza (teatral), obra*
Thermometer	termòmetre	*termómetro*
Thunfisch	tonyina	*atún*
Tief	fondo	*profundo, hondo*
Tief, niedrig	baix, -a	*bajo, -a*
Tiefsttemperatur	temperatura mínima	*temperatura mínima*
Tier	animal	*animal*
Tinte	tinta	*tinta*
Tintenfisch	calamar(s)	*calamar*
Tisch	taula	*mesa*
Tischler	fuster	*carpintero*
Tischtennis, Ping-Pong	ping-pong, tennis taula	*ping-pong, tenis mesa*
Tischtennisspieler, -in	jugador, -a de ping-pong	*jugador, -a de ping-pong*
Tischtuch	(es)tovalles f pl	*mantel*
Toaster	torradora de pa	*tostador de pan*
Tochter, Sohn	filla, fill	*hija, hijo*
Toilette(n)	lavabo(s) m pl	*lavabo(s) m pl*
Toiletten	lavabos	*lavabos*
Toilettenpapier	paper higiènic	*papel higiénico*
Tomate	tomàquet, tomata	*tomate*
Tomatensaft	suc de tomàquet	*zumo de tomate*
Tomatensalat	amanida de tomàquet	*ensalada de tomate*
Tomatensauce	salsa de tomàquet	*salsa de tomate*
Tomatensuppe	sopa de tomàquet	*sopa de tomate*
Tonbandgerät	magnetòfon	*magnetófono, grabador, -a*
Tonic Water	aigua tònica	*agua tónica*
Tonne	tonelada	*tonelada*

Topf	olla	*olla*
Tornado	tornado	*tornado*
Total	total	*total*
Totalausverkauf	liquidació total	*liquidación total*
Tourist	turista	*turista*
Touristenführer	guia turístic, -a	*guía turístico, -a*
Touristeninformation	oficina de turisme	*oficina de turismo*
Touristenklasse	classe turista	*clase turista*
Tragen	portar, dur	*llevar*
Tragödie, Drama	tragèdia	*tragedia*
Trainer	entrenador, -a	*entrenador, -a*
Trainieren	entrenar(-se)	*entrenar(se)*
Training	entrenament	*entrenamiento*
Traktor	tractor	*tractor*
Transfusion	transfusió f	*transfusión f*
Trapschießen	trap tir de fossa olímpica	*trap tiro de fosa olímpica*
Traube	raïm	*uva*
Träumen	somiar	*soñar*
Traurig	trist -a	*triste*
Treffen, sich	encontrar-se, trobar-se	*encontrarse*
Treppe	escala	*escalera*
Tretroller	patí (de pedals)	*patín (de pedales)*
Tribüne	tribuna	*tribuna*
Triebwagen	cotxe de piles	*coche de pilas*
Trimester	trimestre	*trimestre*
Trinken	beure, prendre	*beber, tomar*
Trinkgeld	propina	*propina*
Trinkwasser	aigua potable	*agua potable*
Trocken	sec -a	*seco -a*
Trockener Wein	vi sec	*vino seco*
Trocknen	assecar	*secar*
Trocknen, sich	eixugar(-se)	*secar(se)*
Trolleybus	troleibús	*trolebús*
Trophäe	trofeu	*trofeo*
Truthahn	gall dindi	*pavo*
Tuberkulose	tuberculosi f	*tuberculosis f*
Tulpe	tulipa	*tulipán*
Turmspringer, -in	saltador, -a de trampolí	*saltador, -a de trampolín*
Turnier, internationales	torneig internacional	*torneo internacional*
Tür	porta	*puerta, portezuela*

Typisch katalanische Küche	cuina típica catalana	*cocina típica catalana*
Typisch spanische Küche	cuina típica espanyola	*cocina típica española*
U-Bahn	metro	*metro*
Übelkeit empfinden	sentir nàusees	*tener ganas de vomitar, sentir nauseas*
Überall	pertot, pertot arreu	*en / por todas partes*
Überarbeiten	retocar	*retocar*
Überbacken	gratinat, -ada	*gratinado, -a*
Überfahren	atropellar	*atropellar*
Überfahren, das	atropellament	*atropello*
Überfahrt	travessia	*travesía*
Überfallen	atracar	*atracar*
Übergang	pas a nivell	*paso a nivel*
Übergepäck	excés d'equipatge	*exceso de equipaje*
Überhaupt nicht	gens, en absolut	*nada, en absoluto*
Überholen	avançar	*adelantar*
Übermorgen	demà passat	*pasado mañana*
Übernachten	pernoctar	*pernoctar*
Überprüfung	revisió	*revisión*
Überqueren	travessar	*atravesar*
Überraschen	sorprendre	*sorprender*
Überraschung	sorpresa	*sorpresa*
Übersetzen	traduir	*traducir*
Überweisung	transferència	*transferencia*
Übung	exercici	*ejercicio*
Ufer	vora	*orilla*
Uhr	rellotge	*reloj*
Uhrengeschäft	rellotgeria	*relojería*
Uhrmacher	rellotger	*relojero*
Uhrmacherei	reparació de rellotges	*reparación de relojes*
Uhrzeit, genaue	hora exacta	*hora exacta*
Um Mitternacht	a mitjanit	*a medianoche*
Umsteigemöglichkeit	correspondència, enllaç	*correspondencia, enlace*
Umsteigen	fer transbord, transbord, transbordar	*transbordar, hacer transbordo, transbordo*
Umstürzen	bolcar	*volcar(se)*

Und	i	*y*
Unentschieden	empat	*empate*
Unentschieden spielen	empatar	*empatar*
Unfall	accident	*accidente*
Unfallstation	lloc de socors	*puesto de socorro*
Unfrankiert schicken	enviar sense franqueig	*enviar sin franqueo*
Unglücklicherweise	dissortadament, malauradament	*desgraciadamente*
Universität	universitat f	*universidad f*
Unser, -e	nostre, -a	*nuestro, -a*
Unterbrechen (das Gespräch)	interrompre's / tallar-se la comunicació	*interrumpirse / cortarse la comunicación*
Unterbringung	allotjament	*alojamiento*
Unterführung	pas subterrani / inferior	*paso subterráneo/ inferior*
Unterhose	calces, bragues f pl	*bragas f pl*
Unterhose, Slip	calçotets f pl, eslip	*calzoncillos m pl, slip*
Unterkunft	allotjament	*alojamiento*
Unternehmer, -in	empresari, -ària	*empresario, -a*
Unterrichtsmaterial	material escolar	*material escolar*
Unterschreiben	firmar, signar	*firmar*
Unterschrift	firma, signatura	*firma, signatura*
Untersuchen (Arzt)	examinar, fer(-li) una visita	*examinar, hacer(le) una visita*
Unwohlsein, allgemeines	malestar general	*malestar general*
Urbanisation	urbanització f	*urbanización f*
Urinuntersuchung	anàlisi d'orina f	*análisis de orina m*
Valencia	València	*Valencia*
Valencianer, -in	valencià -ana	*valenciano -a*
Vanilleeis	gelat de vainilla	*helado de vainilla*
Vater	pare	*padre*
Vene(n), Arterie(n)	vena, venes, artèria, artèries	*vena/s arteria/s*
Ventil	vàlvula	*válvula*
Venusmuschel	cloïssa, copinya	*almeja*
Veränderlich	variable	*variable*
Veranstaltungskalender	cartellera	*cartelera*
Verbandskasten	farmaciola	*botiquín*

Verbindung	connexió	*conexión*
Verboten	prohibit, -ida	*prohibido, -a*
Verbrennen, sich	cremar-se	*quemarse*
Verbrennung	cremada	*quemadura*
Verdauungsstörung	indigestió f	*indigestión f*
Verdeck	capota	*capota*
Vereinen	unir	*unir*
Vereinigte Staaten	Estats Units	*Estados Unidos*
Verfolgungs-fahren	cursa de persecució	*carrera de persecución*
Vergaser	carburador	*carburador*
Vergessen	oblidar	*olvidar*
Vergiftung	intoxicació f	*intoxicación f*
Vergnügen	distreure	*distraer*
Vergnügen, sich	distreure's	*divertirse*
Vergnügungspark	parc d'atraccions, atraccions	*parque de atracciones, atracciones*
Vergrößern	ampliar	*ampliar*
Vergrößerung	ampliació f	*ampliación* f
Verheiratet	casat, -ada	*casado, -a*
Verkauf	venda	*venta*
Verkaufen	vendre	*vender*
Verkäufer, -in	dependent -a venedor -a	*dependiente -a vendedor -a*
Verkehr	trànsit	*tránsito*
Verkehrspolizei	policia de trànsit	*policía de tráfico*
Verkehrsschild	senyal de circulació	*señal f de tráfico*
Verletzen, sich	ferir-se, quedar ferit	*herirse, resultar herido*
Verletzt	ferit, -ida	*herido, -a*
Verletzt sein	quedar ferit	*resultar herido*
Verletzung	ferida	*herida*
Verlieren	perdre	*perder*
Verlierer, -in	perdedor, -a	*perdedor, -a*
Verlobter	nuvi, promès	*novio*
Verlobung, Ehering	aliança, anell de casament	*alianza, anillo de boda*
Vermietung	lloguer	*alquiler*
Verminderung	reducció f	*reducción f*
Vermutlich	probablement	*probablemente*
Verrenken, sich verschieben	dislocar-se, desllorigar-se	*dislocar, dislocarse*

Verschreiben	receptar	*recetar*
Versibert	argentat, -ada	*plateado, -a*
Versichern	assegurar	*asegurar*
Versicherte, -r	assegurat, -ada	*asegurado, -a*
Versicherung	assegurança	*seguro*
Versiegeln	lacrar, enlacrar	*lacrar*
Verspäten, sich	anar retardat / endarrerit, portar retard	*ir atrasado, llevar retraso*
Verspätung	retard	*retraso*
Versprechen	prometre	*prometer*
Verstanden!	entesos, clar	*entendido, claro*
Verstehen	comprendre, entendre	*comprender, entender*
Verstopfung	estrenyiment	*estreñimiento*
Versuchen	provar	*probar*
Verwandte(r)	familiar(s) parent(s)	*familiar(es) pariente(s)*
Verwirren	confondre	*confundir*
Verzeihen	perdonar	*perdonar*
Video	vídeo m	*vídeo m*
Videokamera	cambra de vídeo	*cámara de vídeo*
Viel, sehr	molt, -a,	*mucho, -a*
Vielen Dank	moltes gràcies	*muchas gracias*
Vielleicht	potser	*quizás, tal vez*
Vier Plätze	quatre places	*cuatro plazas*
Vier	quatre	*cuatro*
Vierer mit Steuermann	quatre (remers) amb timoner	*cuatro (remeros) con timonel*
Vierer Skull	quadruple scull	*cuádruple scull*
Vierhundert	quatre-cents, -centes	*cuatrocientos, -as*
Vierte	quart, -a	*cuarto, -a*
Viertel Stunde	quart d'hora	*cuarto de hora*
Viertel, ein	un quart	*un cuarto*
Viertel, Stadtteil	barri	*barrio*
Vierundzwanzig	vint-i-quatre	*veinticuatro*
Vierzehn	catorze	*catorce*
Vierzig	quaranta	*cuarenta*
Violett	violeta	*violeta*
Visum	visat	*visado*
Vitamin	vitamina	*vitamina*
Voll	ple, -ena	*lleno, -a*
Volleyball	voleibol	*voleibol, balonvolea*
Volleyballspieler, -in	jugador, -a de voleibol	*jugador, -a de voleibol*

Völlig	completament	*completamente*
Vollpension	pensió completa	*pensión completa*
Vom Grill	a la graella	*a la parrilla*
Von Bord	de bord	*de a bordo*
Von Bord gehen	desembarcar	*desembarcar*
Von dort aus	des d'allí	*desde allí*
Von hier aus	des d'aquí	*desde aquí*
Von Ihnen (pl)	de vostès	*de ustedes*
Von Ihnen	de vostè	*de usted*
Vor	davant	*delante*
Vor einem Jahr	fa un any	*hace un año*
Vor fünf Minuten	fa cinc minuts	*hace cinco minutos*
Vor kurzem	fa poc	*hace poco*
Vor (seit) langer Zeit	(des de) fa molt	*(desde) hace mucho*
Vor zwei Wochen	fa dues setmanes	*hace dos semanas*
Vorbeigehen	passar	*pasar*
Vorbereiten	preparar	*preparar*
Vordruck für Einschreiben	imprès per a correu certificat	*impreso para correo certificado*
Vorfahrt gewähren	cediu el pas	*ceder el paso*
Vorgehen, überholen	avançar-se, anar avançat	*adelantar, ir adelantado*
Vorgestern	abans-d'ahir	*antes de ayer*
Vorhalle, Foyer	vestíbul	*vestíbulo*
Vorhang	cortina	*cortina*
Vorher	abans	*antes*
Vorliebe	preferència	*preferencia*
Vorname	nom	*nombre*
Vorschule	parvulari	*parvulario*
Vorspeise	entremès, entrant	*entremés, entrante*
Vorstellen	presentar	*presentar*
Vorstellung	funció f, sessió f	*función f, sesión f*
Vorwärts	endavant,	*adelante*
Vorziehen	preferir	*preferir*
Vorzugsklasse	classe f preferent	*clase f preferente*
Wachmann	guàrdia	*guardia*
Wachs	cera	*cera*
Wachsen	créixer	*crecer*
Wachsfigurenkabinett	muscu de cera	*museo de cera*
Wachtel	guatlla	*codorniz*

Wagenheber	cric, gat	*cric, gato*
Wagon, Wagen	vagó, cotxe	*coche, vagón*
Wählen	marcar	*marcar*
(die Nummer)	(el número)	*(el número)*
Wählen	triar	*escoger*
Währenddessen	mentrestant	*mientras tanto*
Wahrheit	veritat f	*verdad f*
Wahrscheinlich	probable	*probable*
Wandersport	excursionisme	*excursionismo*
Wann?	quan?	*¿cuándo?*
Warteliste	llista d'espera	*lista de espera*
Wartesaal	sala d'espera	*sala de espera*
Warum?	per què?	*¿para qué?*
Wäscheklammer(n)	agulla(es) d'estendre	*pinza(s) de ropa*
Waschen	rentar	*lavar*
Wäsche	bugada	*colada*
Wäscherei	bugaderia	*lavandería*
Waschmaschine	rentadora	*lavadora*
Waschmittel	detergent	*detergente*
Wasser	aigua	*agua*
Wasser, fließendes	aigua corrent	*agua corriente*
Wasser, kaltes und warmes	agua freda i calenta	*agua fría y caliente*
Wasserball	waterpolo	*waterpolo, polo acuático*
Wasserballspieler	waterpolista	*waterpolista*
Wasserhahn	aixeta	*grifo*
Wassermelone	síndria	*sandía*
Wasserski	esquí aquàtic	*esquí acuático*
Watte	cotó (fluix)	*algodón en rama*
WC	wàter	*water*
Wecken	despertar	*despertar*
Wecker	despertador	*despertador*
Wechsel	canvi	*cambio*
Wechselkurs	tipus de canvi, cotització	*tipos de cambio, cotización*
Wechseln	canviar	*cambiar*
Weder... noch	ni, tampoc	*ni, tampoco*
Weg	camí	*camino*
Wehtun, schmerzen	fer mal, fer-li mal	*doler, dolerle*
Weiblich	femení, -ina, de dones	*femenino, -ina, de mujeres*

Weichgekochte Eier	ous passats per aigua	*huevos pasados por agua*
Weil	perquè	*porque*
Wein	vi	*vino*
Weinen	plorar	*llorar*
Weinkarte	carta de vins	*carta de vinos*
Weinkeller	celler	*bodega*
Weiß	blanc, -a	*blanco, -a*
Weiße Bohnen	mongetes seques	*alubias*
Weiße Lilie	lliri blanc, assutzena	*lirio, azucena*
Weißwein	vi blanc	*vino blanco*
Weitsprung	salt de llargada	*salto de longitud*
Welche, -r/-s?	el qual, la qual quin, quina?	*¿el cuál, la cual?, ¿cuál?*
Weltmeisterschaft	campionat mundial	*campeonato mundial*
Welt-/ Landes- rekord	rècord mundial/nacional	*récord mundial /nacional*
Weltmeister, -in	campió, -ona del món	*campeón, -ona del mundo*
Weltmeister, -in	campió, -ona mundial	*campeón, -ona mundial*
Weltrekord- inhaber	l'actual detentor del rècord mundial, plusmarquista	*el actual detentor del record mundial, plusmarquista*
Welle	ona	*ola*
Wenden, drehen	virar	*virar*
Wenden, sich an jdn.	dirigir-se	*dirigirse*
Wenig	poc, -a	*poco, -a*
Weniger	menys	*menos*
Wenn	si	si
Wer?	qui?	*¿quién?*
Werk	obra	obra
Werkstatt	taller	*taller*
Werktag	dia m feiner	*día m laborable*
Werkzeug	eina	*herramienta*
Wert sein	valer	*valer*
Wert	valor	*valor*
Wertbrief	carta amb valor declarat	*carta con valor declarado*
Westen	oest	*oeste*
Western	pel·lícula de l'oest	*película del oeste*
Wettbewerb, Wettkampf	prova, competició	*prueba, competición*

Wetterkunde	meteorologia	*meteorología*
Wettkampf (gesamt)	concurs complet	*concurso completo*
Whisky	whisky	*whisky*
Wie bitte?	què?	*¿qué?*
Wie?	com?	*¿cómo?*
Wiederaufführung	reestrena	*reestreno*
Wiedererkennen	reconèixer	*reconocer*
Wiegen	pesar	*pesar*
Wiener Schnitzel	escalopa a la vienesa	*escalope a la vienesa*
Wieviel?	quant, -a?	*¿cuánto, -a?*
Wildgans	oca salvatge	*ganso salvaje*
Wildschwein	senglar, porc senglar	*jabalí*
Wildschweinschießen	tir al senglar	*tiro al jabalí*
Wildwasserslalom	eslalom en aigües vives	*slalon en aguas bravas*
Willkommen	benvingut!, benvinguda!	*¡bienvenido!, ¡bienvenida!*
Wimper(n)	pestanya(es)	*pestaña(s)*
Wind	vent	*viento*
Windpocken	varicel·la	*varicela*
Windschutzscheibe	parabrisa m	*parabrisas*
Windsurfen	windsurfing, surf de vela	*windsurfing, surf de vela*
Winter	hivern	*invierno*
Wir	nosaltres m f	*nosotros m, nosotras f*
Wissen, können	saber	*saber*
Witwer, Witwe	vidu, vídua	*viudo, -a*
Wo	on?	*¿dónde?*
Woche	setmana	*semana*
Wöchentlich	setmanalment	*semanalmente*
Wohnen (Hotel)	allotjar-se	*alojarse*
Wohnort	domicili,	*domicilio*
Wohnsitz	residència	*residencia*
Wohnwagen	caravana	*caravana*
Wolke	núvol	*nube f*
Wolkenlos	clar	*despejado*
Wolkig	ennuvolat	*nuboso*
Wolle	llana	*lana*
Wollen	voler	*querer*
Wort	paraula	*palabra*
Wörterbuch	diccionari	*diccionario*
Wunsch	desig, anhel	*deseo*
Wünschen	desitjar	*desear*

Wurst, Paprikawurst	salsitxa, xoriç,	*salchicha, chorizo*
Wurstwaren	embotits	*embutidos*
Wurstwarenladen	xarcuteria, cansaladeria	*charcutería, tocinería*
Würzen	condimentar	*condimentar*
Yen, japanische(r).	ien(s) japonès(os)	*Yen(es) japonés(es)*
Zahlen	pagar	*pagar*
Zählen	comptar	*contar*
Zahn	dent f	*diente m*
Zahnarzt	dentista, odontòleg, -òloga	*dentista, odontólogo, -a*
Zahnbürste	raspallet de dents	*cepillo de dientes*
Zahnfüllung	empastament	*empaste*
Zahnpasta	pasta dentifrícia, pasta de dents	*pasta dentífrica, pasta de dientes*
Zahnradbahn	cremallera f	*cremallera f*
Zahnschmerzen haben	fer-li mal les dents / tenir mal de queixal	*dolerle las muelas*
Zahnschmerzen	mal de queixal	*dolor de muelas*
Zahnstocher	escuradents	*palillos*
Zange	alicates f pl	*alicates f pl, tenazas*
Zäpfchen	supositori	*supositorio*
Zebrastreifen	pas de vianants	*paso cebra*
Zehn	deu	*diez*
Zehnkampf	decatló	*decatlón*
Zehntausendpesetenschein	bitllet de deu mil	*billete de diez mil*
Zehnte	desè, ena	*décimo, -a*
Zeichentrick	dibuixos animats	*dibujos animados*
Zeichnung	dibuix	*dibujo*
Zeigen	mostrar (ensenyar)	*mostrar, enseñar*
Zeitfahren	carrera contra rellotge	*carrera contra reloj*
Zeitungsverkäufer	quiosquer, -a, venedor de periòdics	*quiosquero, -a, vendedor de periódicos*
Zelt	tenda (de campanya)	*tienda (de campaña)*
Zelt abbauen	desmuntar la tenda	*levantar / desmontar la tienda*
Zelt aufbauen	parar la tenda	*armar la tienda*
Zentimeter	centímetre	*centímetro*

Deutsch	Català	Español
Zentner	quintar	*quintal*
Zentrum	centre	*centro*
Zerbrechlich	fràgil	*frágil*
Zicklein	cabrit	*cabrito*
Ziege	cabra	*cabra*
Ziehen (Zahn)	extracció f	*extracción f*
Ziehen	estireu	*tirar*
Ziehen, strecken	estirar, treure	*estirar, tirar, sacar*
Zielort	lloc de destinació	*lugar de destino*
Zigarette	cigarreta	*cigarrillo*
Zigaretten leichte / helle	cigarretes suaus/rosses	*cigarrillos suaves / rubios*
Zigaretten, starke / schwarze	cigarretes fortes / negres	*cigarrillos fuertes / negros*
Zigarettenpapier	paper de fumar	*papel de fumar*
Zigarre(n)	cigar(s)	*puro(s), cigarro(s)*
Zimmer für zwei Personen	habitació per a dues persones	*habitación para dos personas*
Zimmer	habitació f	*habitación f*
Zinssatz	tipus d'interès	*tipo de interés*
Zirkus	circ	*circo*
Zitadelle	ciutadella	*ciudadela*
Zitrone	llimona	*limón*
Zitronensaft	suc de llimona	*zumo de limón*
Zoll	duana	*aduana*
Zollerklärung	declaració de duana	*declaración de aduana*
Zöllner	duaner, -a	*aduanero, -a*
Zoologischer Garten, Zoo	(parc) zoològic, zoo	*(parque) zoológico, zoo*
Zu (viel, sehr)	massa	*demasiado -a*
Zu Rate ziehen	consultar	*consultar*
Zu vermieten	per a llogar	*para alquilar*
Zubehör	accessori(s)	*accesorio(s)*
Zucchini	carbassó	*calabacín*
Zucker	sucre	*azúcar*
Zuckerdose	sucrera	*azucarero, azucarera*
Zuckerwerk	confits	*confites*
Zufluchtsort	refugi	*refugio*
Zug	tren	*tren*
Zug wechseln	canviar de tren	*cambiar de tren*
Zugang	accès	*acceso*

Zuhören	escoltar	*escuchar*
Zündschlüssel	clau d'encesa	*llave del encendido*
Zündung	encesa	*encendido*
Zur Schule gehen	anar a l'escola	*ir a la escuela*
Zusammenstoß	xoc, topada	*choque*
	col·lisió f	*colisión f*
Zusammenstoßen	xocar	*chocar, colisionar*
Zusatzbett	llit addicional / supletori	*cama adicional / supletoria*
Zuschauer, -in	espectador -a	*espectador -a*
Zuschlag	suplement	*suplemento*
Zwanzig	vint	*veinte*
Zwei	dos, dues	*dos*
Zwei Drittel	dos terços	*dos tercios*
Zweier mit Steuermann	dues (remeres) amb timoner	*dos (remeros) con timonero*
Zweier ohne Steuermann	dos (remers) sense timoner	*dos (remeros) sin timonero*
Zweierskull	doble scull	*doble scull*
Zweifellos	indubtablement	*indudablemente*
Zweihundert	dos-cents, dues-centes	*doscientos, -as*
Zweisitzer	biplaça	*biplaza*
Zweitakter	dos temps	*dos tiempos*
Zweitausend	dos mil	*dos mil*
Zweite, -r	segon, -a	*segundo, -a*
Zweite-Klasse-Wagon	vagó de segona (classe)	*coche de segunda (clase)*
Zweiundzwanzig	vint-i-dos, -dues	*veintidós*
Zwiebel	ceba	*cebolla*
Zwingen	obligar	*obligar*
Zwischenakt	entreacte	*entreacto*
Zwischenlanden	fer escala	*hacer escala*
Zwölf	dotze	*doce*
Zwölfte	dotzè, -ena	*duodécimo, -a*
Zylinder	cilindre	*cilindro*

15. SACHREGISTER

Abendessen - im Restaurant	10. 4
Ablehnung	2. 7
Abreise (Hotel)	7. 4
Alter	3. 3
Anbieten	2. 6
Andenken	11. 14
Anreden	2. 3
Apotheke	12. 1
Arbeit	3. 5
Artikel	1. 2
Arzt	12. 3
Arztbesuch	12. 3
Auskünfte in der Stadt	8. 2
Ausrufe	2. 16
Aussprache	0. 3
Autoreise	6. 2
Autoreparatur	6. 4
Autovermietung	6. 5
Bahnhof - Lautsprecherdurchsagen	6. 8
Bahnhof	6. 7
Bahnreise	6. 7-6. 9
Bank	11. 25
Bedarf	2. 15
Bedauern	2. 10
Begrüßung	2. 2
Beilagen	10. 11
Bejahung	2. 11
Beruf	3. 5
Bildung	3. 4
Bildungsniveau	3. 4
Bitten - wie bittet man um etwas?	2. 6
Blumengeschäft - Blumen	11. 12
Bruchzahlen	1. 13
Buchhandlung	11. 16
Camping	7. 5
Damensalon	11. 24
Dank	2. 8

Datum	1. 16
Demonstrativpronomen	1. 6
Dienstleistungen	11. 11
Drogerie	11. 21
Einheiten	11. 1
Einkäufe - Allgemeines	11. 3
Einverständnis	2. 11
Eis	10. 21
Eisenbahn	6. 7
Entschuldigen	2. 10
Fahrkarten	6. 9
Fahrkartenkauf	6. 9
Familie	3. 2
Feiertage	1. 19
Fisch	10. 18
Fischhandlung	11. 7
Fleischgerichte	10. 15
Flugreise	6. 10
Frageworte	1. 3
Freizeit	9. 1
Freizeitgestaltung	9
Friseur - Allgemeines	11. 22
Frühstück	10. 2
Geflügel - Geflügelhändler	11. 6
Geflügel	10. 17
Geflügelhandlung	11. 6
Geldumtausch	1. 25
Gemüse	10. 13
Gemüsegerichte	10. 13
Geschenke	11. 14
Geschmack	2. 9
Gesundheit	12
Getränke	10. 3
Glückwünsche	2. 17
Grammatik	1
Grenze	6. 1
Grußformeln	2. 2
Häufig benutzte Wendungen	2

Haustiere	10. 16
Herrensalon	11. 23
Hinweise	2. 1
Höflichkeitsformeln	2. 6
Hotel - Abreise	7. 4
Hotel - Ankunft	7. 2
Hotel - Frühstück im Hotel	10. 2
Hotel - im Zimmer	7. 3
Hotelzimmer	7. 3
Jahreszeiten	1. 18
Kardinalzahlen	1. 11
Kaufhaus	11. 8
Kfz-Reparatur;	6. 4
Kfz-Wartung	6. 4
Kino	9. 3
Kleidung	11. 9
Klima	5
Konditorwaren	10. 21
Konjugation - regelmäßige Verben	1. 8
Konjugation - unregelmäßige Verben	1. 9
Konversation	2. 4
Kuchen	10. 21
Lautsprecherdurchsagen - am Bahnhof	6. 8
Lautsprecherdurchsagen - öffentlicher Nahverkehr	8. 3
Leichtathletik	13. 4
Mahlzeiten	10
Markt	11. 4
Maße	11. 2
Meeresfrüchte	10. 18; 10. 20
Meinungsverschiedenheit	2. 12
Mengenangaben	1. 10
Metzgerei	11. 5
Mitgefühl	2. 17
Mittagessen - im Restaurant	10. 4
Mode	11. 9
Modeartikel	11. 9
Möglichkeit	2. 13
Monate des Jahres	1. 18

Nachtisch	10. 21
Name	3. 1
Nudeln	10. 10
Öffentlicher Nahverkehr	8. 3
Olympiade	13. 2
Olympiade	13. 2
Optiker, Optik	11. 19
Ordinalzahlen	1. 12
Ortsnamen	3. 6
Parfümerie	11. 21
Parken	8. 5
Personalpronomen	1. 4
Personenbeschreibung	1. 7
Persönliche Daten	3
Pflicht	2. 15
Photograph, Photo	11. 20
Pläne	2. 14
Polizei	8. 6
Portionen	11. 1
Possessivpronomen	1. 5
Post -im Postamt	11. 27
Präpositionen	1. 1
Rechnung (im Restaurant)	10. 6
Reis	10. 10
Reise - Auto	6. 2
Reise - Bahn	6. 7- 6. 9
Reise - Flug	6. 10
Reise - Reisebüro	6. 12
Reise - Schiff	6. 11
Reisebüro	6. 12
RENFE	6. 7
Reparaturen	11. 11
Restaurant - Bestellung	10. 5
Restaurant - Mittag- und Abendessen	10. 4
Restaurant - Rechnung	10. 6
Restaurant - Speisekarte	10. 8-10. 22
Salate	10. 9
Saucen	10. 11

Schiffsreise	6. 11
Schmuck	11. 13
Schnecken	10. 20
Schuhe	11. 10
Schulbildung - Studium	3. 4
Speisekarte	10. 8-10. 22
Speisen - Zubereitungsarten	10. 14
Spielzeug	11. 15
Sport	13
Sportarten der Olympischen Sommerspiele	13. 3
Sprachen	4
Sprachkenntnisse	4
Stadt - Informationen	8. 2
Stadtbesichtigung	8. 1
Strand	9. 5
Suppen	10. 12
Süßspeisen	10. 21
Tabak	11. 17
Tage der Woche	1. 17
Tankstelle	6. 3
Taxi	8. 4
Telefon	11. 28
Telefonanruf	11. 29
Theater	9. 2
Überraschung	2. 16
Uhrmacher	11. 18
Uhrzeit	1. 15
Unterkunft	7
Unterkunft	7
Vergleich	1. 7
Verkehrsunfall	6. 6
Verneinung	2. 12
Vorhaben, Pläne	2. 14
Vorliebe	2. 9
Vorname	3. 1
Vorspeisen	10. 8
Vorstellung	2. 5
Wartung (Kfz.)	6. 4
Wieviel Uhr ist es?	1. 14

Wild	10. 17
Woche - Tage der Woche	1. 17
Wünsche	2. 17
Zahnarzt	12. 2
Zeitungen	11. 16
Zustimmung	2. 7
Zweifel	2. 13